DIE KAMMER DER ANDACHT

Studies in Spirituality Supplements

Edited by Titus Brandsma Institute – Nijmegen – The Netherlands

2. **Franco Imoda**, *Human Development. Psychology and Mystery*, 1998, 397 p., ISBN: 90-429-0028-8.

3. **Marieke van Baest**, *Poetry of Hadewijch*, 1998, VIII-330 p., ISBN: 90-429-0668-7.

4. **Hildegard Elisabeth Keller**, *My Secret is Mine. Studies on Religion and Eros in the German Middle Ages*, 2000, VIII-294 p., ISBN: 90-429-0871-8.

5. **Franco Imoda**, *A Journey to Freedom. An Interdisciplinary Approach to the Anthropology of Formation*, 2000, XIV-482 p., ISBN: 90-429-0894-7.

6. **Albrecht Classen**, *'Mein Seel fang an zu singen'. Religiöse Frauenlieder des 15.-16. Jahrhunderts. Kritische Studien und Textedition*, 2002, 395 p., ISBN: 90-429-1098-4.

7. **Marie L. Baird**, *On the Side of the Angels. Ethics and Post-Holocaust Spirituality*, 2002, 143 p., ISBN: 90-429-1156-5.

8. **Kees Waaijman**, *Spirituality. Forms, Foundations, Methods*, 2002, VIII-968 p., ISBN: 90-429-1183-2.

9. **John D. Green**, *'A Strange Tongue'. Tradition, Language and the Appropriation of Mystical Experiences in the Late Fourteenth-Century England and Sixteenth-Century Spain*, 2002, VII-227 p., ISBN: 90-429-1236-7.

10. **Hein Blommestijn, Charles Caspers and Rijcklof Hofman (Eds.)**, *Spirituality Renewed. Studies on Significant Representatives of the Modern Devotion*, 2003, VI-276 p., ISBN: 90-429-1327-4.

11. **Donald J. Moores**, *Mystical Discourse in Wordsworth and Whitman. A Transatlantic Bridge*, 2006, VII-286 p., ISBN: 90-429-1809-8.

12. **Alessandro Manenti, Stefano Guarinelli and Hans Zollner (Eds.)**, *Formation an the Person. Essays on Theory and Practice*, 2007, VIII-303 p., ISBN 978-90-429-1881-8.

STUDIES IN SPIRITUALITY
Supplement 13

DIE KAMMER DER ANDACHT

Formbeschreibung einer Theaterproduktion

Elisabeth Hense

PEETERS
LEUVEN - PARIS - DUDLEY, MA
2007

A CIP record for this book is available from the Library of Congress.

ISBN 978-90-429-1966-2
D. 2007/0602/108

Zum 65. Geburtstag von Prof. Dr. Kees Waaijman

INHALT

EINLEITUNG

Die *Kammer der Andacht* ist ein musikalisches Kammerspiel, das die Andacht als menschliche Grunderfahrung auslotet. Als Leitfaden für das Kammerspiel dient ein Text aus der spirituellen Tradition des Christentums, der folgendermaßen beginnt: 'In der Kammer der Andacht saßen die Braut des Hohenliedes und ihre Amme, die Schriftauslegung, und haben sehr freundlich über die Minne gesprochen'.[1]

Andacht meint Offenheit, Aufmerksamkeit, Wachheit und Sammlung. Darüber hinaus meint Andacht Offenheit und Aufmerksamkeit für Gott, Wachheit und Sammlung in ihm. Kammer meint sowohl die kleine intime Bühne als auch den Rückzugsraum des Beters, der Gott im Verborgenen sucht (Mt 6,6).

So verbindet die *Kammer der Andacht* auf ernsthafte Weise Theater und Spiritualität. Sie lässt die Zeit der Kontroverse zwischen Kunst und Kirche hinter sich und zeigt die geistliche Erfahrung der Andacht auf der Bühne. Die Bezeichnung *Kammer der Andacht* weist also auf eine Produktion hin, in der eine geistliche Erfahrung im künstlerischen Ereignis formuliert wird.

Weder für die Kunst noch für die Spiritualität ist es etwas Neues, dass sich eine geistliche Erfahrung im künstlerischen Ereignis formuliert. Geistliche Erfahrungen werden häufig in künstlerischen Formen repräsentiert.[2] Neu ist jedoch die Art der gemeinsamen Arbeit, das Aufeinander-Zukommen von Theater und Spiritualität in dieser Produktion. Dies ist möglich geworden auf der Grundlage des ehrlichen Interesses an der je eigenen Kompetenz der anderen Disziplin. Spiritualität und Theater stehen auf gleicher Augenhöhe: Beide haben sich gegenseitig etwas zu sagen und helfen sich gegenseitig in der Erfassung und Formulierung der menschlichen Grunderfahrung, der sie sich hier zuwenden. Dieses Aufeinander-Zukommen der beiden Disziplinen ist, wie Lauren Friesen schreibt,

---

1 E. Hense, *Franciscus Amelry (um 1550): Ein Dialog oder Gespräch zwischen der Seele und der Schriftauslegung, die die Seele zur Erkenntnis ihres Bräutigams hinzieht*, Münster 2001 (Theologie der Spiritualität. Quellentexte 2), 113.

2 Vgl. die entsprechenden Lemmata in: *Dictionnaire de spiritualité*, *Dictionnaire de la vie spirituelle*, *The new dictionary of Catholic spirituality*, *The new SCM dictionary of Christian spirituality*.

durch die Postmoderne möglich geworden: In der Postmoderne beteiligen sich Künstler und Wissenschaftler gemeinsam an einer vertieften Entdeckung des Religiösen; an den Grenzen, wo Theater und Religion sich treffen, fordern sich beide gegenseitig zur Echtheit im Denken und im Ausdruck heraus.[3] Durch diese Entwicklung erscheint in unserer Produktion die Grunderfahrung der Andacht neu: Sie wird zum Phänomen, das gemeinsam durchleuchtet und erhellt werden kann.[4]

Das erste Kapitel dieser Studie beschreibt die Konturen dieses Phänomens. Da ist zunächst einmal der Text, der auf der Bühne ausgesprochen wird (1.1.). Dann ist da der Suchprozess der Künstler nach einer geeigneten Form der Darstellung des Textes (1.2.). Und schließlich sind da die Aufführungen, in denen die Künstler die erarbeitete künstlerische Form präsentieren und Zuschauer daran teilhaben können (1.3.).

Das zweite Kapitel geht auf die innere Ausstattung des Phänomens ein. Unter zwei Aspekten lässt sich die innere Architektur des Phänomens explizieren: unter dem Aspekt der *lectio divina* (2.1.) und unter dem Aspekt der geistlichen Begleitung (2.2.).

Das dritte Kapitel wendet sich den mitgegenwärtigen künstlerischen Phänomenen zu, die dazu beitragen können, die *Kammer der Andacht* in ihrer Eigenheit näher zu bestimmen. Hier wird zunächst das Andachtsbild *Das Haus als Herz* betrachtet (3.1). Anschließend werden frühere Produktionen des Musik TheaterKoeln in den Blick genommen (3.2.) und schließlich wird auf deutsche Produktionen in der Spielzeit 2004/5 geschaut, die sich auf unterschiedlichste Weise mit dem Thema 'Religion und Glaube' befasst haben (3.3.).

---

3 Lauren Friesen, 'Transcendence in modern and postmodern plays', in: Ingrid Hentschel & Klaus Hoffmann (Hg.), *Theater – Ritual – Religion*, Münster 2004 (Scena: Beiträge zu Theater und Religion 1), 35-59, hier 58.

4 Siehe zum Rückgriff auf die Phänomenologie für die deskriptive Forschung in der Spiritualität Kees Waaijman, *Spiritualiteit: Vormen, grondslagen, methoden*, Kampen 2000, 532-543 bzw. Kees Waaijman, *Handbuch der Spiritualität*. Band 2, Mainz 2005, 239-252. Meine Studie greift diesen Ansatz auf und führt ihn in der Zusammenarbeit mit den Künstlern weiter.

1. DIE KONTUREN DER PRODUKTION

Unter einem Phänomen versteht man eine Erfahrung. In der Erfahrung ist ein erfahrendes Subjekt (*noësis*) auf eine erfahrene Wirklichkeit (*noëma*) bezogen. Das erfahrende Subjekt ist hier in dieser Studie die Seele im Text oder die Mitwirkenden in der Produktion oder der Zuschauer bei einer Aufführung und die erfahrene Wirklichkeit ist die in der Kammer erlebte oder erspielte oder (wieder)erkannte Andacht. Wer eine Erfahrung verstehen will, so das Credo der Phänomenologie, muss sich aus seinen voreingenommenen Wahrnehmungsmustern lösen und sein Urteil darüber, wie etwas ist, aufschieben (*epochè*), bis er verschiedene 'Einstellungen' zu der betreffenden Wirklichkeit probiert und verschiedene 'Abschattungen' dieser Wirklichkeit wahrgenommen hat. Erst wenn das Selbstverständliche und Undurchdachte durchbrochen wird, zeigt sich die Grundstruktur einer Erfahrung: Das Wesen der Sache tut sich kund. 'Das Wesen (die Grundstruktur, *eidos*, die Sache selbst) ist das "Genre", das den empirischen Fällen Spielregeln auferlegt, die sie nicht überschreiten können, es ist ein A-priori, das in seiner Gültigkeit aller Wirklichkeit vorausgeht, eine "reine Möglichkeit", eine "offene Unendlichkeit" für die Selbsterscheinung'.[1]

Die *Kammer der Andacht* möchte sich dem Genre *Andacht* nähern. Es geht also nicht um die 'Einstellung' der Regisseurin zur Andacht, es geht nicht darum, in einer möglichst profilierten Inszenierung die Andacht im Sinne der Regisseurin 'ab zu schatten', es geht vielmehr um den Versuch, sich in einer Theaterproduktion der Andacht *selbst* zu widmen, sie in ihrer Grundstruktur, in ihrer 'reinen Möglichkeit' oder 'offenen Unendlichkeit' so zu erkunden, dass sie *selbst* erscheint, also *selbst* zum Vorschein kommt in den Konturen der Produktion: dem Text, den Proben und den Aufführungen.

1. *Der Text.* Eine erste Erscheinungsweise der Wirklichkeit, die hier betrachtet wird, ist der Text. Er kann aufgefasst werden als Exempel, als ein Fall, in dem eine Seele Andacht erlebt. Die Seele nimmt im Text verschiedene Einstellungen ein: Sie wird verwundet, sie lodert, sie wird krank, sie wird trunken, sie schläft, sie schmilzt und sie vereinigt sich mit Gott. So sind in der Andacht sehr verschiedene Einstellungen möglich, mit denen ebenso viele Abschattungen verbunden sind.

---

[1] Waaijman, *Handbuch der Spiritualität*, 249.

2. *Die Proben.* Eine zweite Erscheinungsweise der Wirklichkeit, um die es hier geht, ist der Suchprozess der Künstler nach einer geeigneten Form für die Darstellung des Textes. In den Proben werden verschiedene Umgangsformen mit dem Text ausprobiert und entdecken die Akteure miteinander eine geeignete Form, in der sich die Grunderfahrung der Andacht, die sie hier interessiert, tatsächlich offenbaren kann. Die künstlerische Form kann nicht willkürlich ausgedacht werden, sondern ist vielmehr eine 'intersubjektive Entfaltung' der Wirklichkeit, der sich alle, wenn auch aus je eigener Perspektive, mit ihren je eigenen künstlerischen Möglichkeiten nähern.

3. *Die Aufführungen.* Eine dritte Erscheinungsweise der Wirklichkeit, die hier im Mittelpunkt steht, sind die Aufführungen. Durch die Aufführungen können Kritiker und Zuschauer an der künstlerischen Form teilhaben und sich auf je eigene Weise zu dieser Form verhalten. Die Grunderfahrung der Andacht erscheint während der Aufführungen in 'Variationen', da sie seitens der Akteure immer wieder aus einer anderen Lebenssituation heraus gespielt und seitens der Zuschauer immer wieder mit anderen Augen wahrgenommen wird. Gerade in diesen 'Variationen' zeigt sich nun so etwas wie ein invariabler Kern der Erfahrung, den Menschen gemeinsam als die *Sache selbst* erkennen.

1.1. Der Text

Im Herbst 2001 erschien meine Dissertation mit dem Titel 'Franciscus Amelry (um 1550) – Ein Dialog oder Gespräch zwischen der Seele und der Schriftauslegung, die die Seele zur Erkenntnis ihres Bräutigams hinzieht'.[2] Im Mittelpunkt dieses Buches steht der bereits erwähnte Text aus der mystischen Tradition des Christentums, der den Leser in die Grunderfahrung der Andacht einführt: 'In der Kammer der Andacht saßen die Braut des Hohenliedes und ihre Amme, die Schriftauslegung, und haben sehr freundlich über die Minne gesprochen'.[3] Im weiteren Verlauf des Textes wird der Leser Zeuge einer siebentägigen Unterredung: Jeden Tag führt die Amme die Seele tiefer in die Gegenwart Gottes hinein und jeden Tag antwortet die Seele mit einem stillen Verweilen vor dem Angesicht Gottes. Ab dem fünften Tag bedarf es des hinführenden Gespräches zwischen Amme und Seele nicht mehr: Die Seele befindet sich bereits vor dem Angesicht Gottes und vereint sich unmittelbar mit der göttlichen Liebe. So geschieht in der Kammer der Andacht beides: Hinführung zur Andacht, wodurch die Seele zur Gottesliebe bereit gemacht wird, und Andacht *selbst*, wodurch die Seele sich mit ihrem göttlichen Bräutigam vereint.

---

[2] Hense, *Franciscus Amelry.*

[3] Ibid., 113.

Eine meiner ersten LeserInnen war Ursula Albrecht, Regisseurin des MusikTheaterKoeln. Kurz nach Erscheinen des Buches begann sie mit mir eine Korrespondenz über die Möglichkeit, diesen Text als Musiktheater auf die Bühne zu bringen. Und bevor wir uns noch Gedanken darüber machen konnten, ob wir ein solches Projekt gemeinsam in Angriff nehmen sollten, steckten wir bereits mitten in der Arbeit. Uns faszinierte die eigene Kompetenz der jeweils anderen im Umgang mit diesem Stoff. Wir spürten sehr schnell, dass wir uns gegenseitig viel zu sagen hatten. Ein Prozess der gegenseitigen Befragung und des Austausches miteinander begann. In Selbstversuchen, die mit der Kamera aufgezeichnet wurden, und in Probelesungen mit verschiedenen Partnern näherte Ursula sich dem Text an. Mit mir sprach sie dann über ihre Erfahrungen und Erkenntnisse beim Lesen dieses Textes. Immer wieder war ich von ihren Berichten so betroffen, dass ich nachfragen wollte. Über unsere Korrespondenz erreichten wir schließlich eine tiefe Sicherheit, dass wir miteinander arbeiten wollten: *Die Kammer der Andacht* sollte als Produktion des MusikTheaterKoeln auf die Bühne gebracht werden.

Im Frühling 2003 begannen wir mit der konkreten Vorbereitung der Produktion. Auf Grund ihrer Erfahrungen mit früheren Produktionen[4] war für Ursula von Anfang an klar, dass allen Mitwirkenden zur Bedingung gemacht werden sollte, dass sie Zugang zum Text haben mussten. Dadurch konnte die Arbeit von Anfang an entspannt und fruchtbar verlaufen. Ich erarbeitete einen ersten Entwurf für die Bühnenfassung des Textes, Ursula suchte schrittweise die Mitwirkenden aus: den Schauspieler Frank Albrecht (Mystagoge), die Sänger Lorenz Heimbrecht (Seele) und Joerg Bräuker (Amme), den Bühnenbildner Manfred Schneider und seine Assistentin Ute Feldhofer sowie den Komponisten Reiner Witzel. Immer wieder wurde mit dem Text gearbeitet und die Erfahrungen der einzelnen wurden sorgfältig nebeneinandergelegt. Ausgehend von einer Textfassung, die in etwa dem halben Umfang des Originaltextes entsprach, zeigte sich sehr rasch, dass für einen Spannungsbogen von gut einer Stunde noch einmal gekürzt werden musste: In enger Anlehnung an Stil und Struktur des Originaltextes wurde der Text schließlich auf gut ein Drittel zusammengestrichen. Manchmal war bei den Proben ein kleines Publikum anwesend, das nachher in unser Gespräch über die Erfahrungen mit dem Text einbezogen wurde. So entstanden spielend und reflektierend immer neue Perspektiven im Umgang mit dem Stoff. Ein großes Register an Ausdrucksweisen wurde erarbeitet. Die Grundstruktur des Textes blieb dabei unverändert. Sie zeigt den Umformungsprozess eines Menschen, der – negativ ausgedrückt – die Außenperspektive verliert, eine

---

4 *Der Opferstock*, Text von Meister Eckhart, Musik von Christof Maria Wagner, 1997; *Scala nostra*, Text von Johannes Klimakus, musikalische Leitung Andreas Daams, 1998; *Las Canciones*, Text von Johannes vom Kreuz, Musik von Andreas Daams, 1999.

äußere Rolle aufgibt, aufhört sich selbst zu betrachten und seine Aufmerksamkeit auf Gott hin einschränkt, oder – positiv formuliert – völlig in der Beziehung zu Gott aufgeht und sein Liebes-Handeln mit seinem Liebes-Bewusstsein verschmelzen lässt.[5]

Die Kammer der Andacht

Abb. 1. Foto: Wolfgang Weimer

1.1.1. Erster Tag – Verwundet sein

Der Mystagoge
In der Kammer der Andacht saßen die Braut und ihre Amme und haben sehr freundlich über die Minne gesprochen. Ihr Gespräch, das ich von fern vernehmen durfte, war wie folgt:

Am ersten Tag, als die Seele von Liebe verwundet wurde, sagte die Amme:

Die Amme
Sag mir doch, vielgeliebte Tochter, ohne Liebe kann dein Herz nicht sein – was hast du denn jetzt erwählt, woran hängst du denn jetzt dein Herz?

[5] Siehe Hense, *Franciscus Amelry*, 296-312.

Die Seele
Ach liebste Amme, es ist wie du sagst. Ohne Liebe ist das Herz nie. Und genau das bedrückt mich, denn oft habe ich erwählt, was unbeständig und veränderlich ist, und ich verlor, was meinem Herzen lieb war, durch Abschied und Tod. So fühle ich mich allein gelassen und traurig, weil verging, worin mein Herz ruhte.

Die Amme
O Seele, du suchst und begehrst viele Dinge und wenn du sie gefunden hast, findest du doch nur Unruhe. Wenn sich verändert, was veränderlich ist, wenn vergeht, was vergänglich ist, wenn sich umkehrt, was umkehrbar ist, seufzt du wie ein aufgeschreckter Vogel, der einen neuen Zweig sucht, auf dem er sich niederlassen kann. Marta, nur ein Ding ist notwendig, heißt es in der Schrift. Dieses eine sollst du erwählen.

Die Seele
Sag, was ist das eine, das ich lieben kann, ohne dass es mir wieder genommen wird.

Die Amme
Jeder soll seines Gleichen lieben und wo es keine Gleichheit gibt, da kann die Liebe nicht standhalten. Du bist ein Geist und ein Geist ist unsterblich, unantastbar, er ist das Geschöpf, das dem Schöpfer am nächsten kommt. So weit und so groß ist dein Geist, dass alle Dinge ihn nicht erfüllen können, außer dem einen Ding, dem einen, das notwendig ist, dem einen, das niemand dir nehmen wird, dem einen, für das allein du geschaffen bist, damit du es erkennst, und wenn du es erkennst, damit du es liebst, und wenn du es liebst, damit du es bekommst und wenn du es bekommst, damit du es genießt.

Die Seele
Könnte ich mich mit diesem einen sättigen, so hätte ich gefunden, was ich lange suchte.

Die Amme
Dieses eine, das Gott Moses versprach, als er sagte: Ich werde dir zeigen, alles was gut ist, ist dein Bräutigam. Sein Reich besteht in der Ewigkeit.
Er ist der mächtigste, der weiseste und der schönste, den du dir wünschen kannst. Schlag deine Augen auf, frage den Himmel, frage die Sonne, den Mond, die Sterne, wer sie erschaffen hat. Schau, wer alles harmonisch in Ordnung hält: Auf den Tag folgt die Nacht und auf die Nacht der Tag.

Die Seele
Du lässt den Funken überspringen und entzündest mein zärtliches Herz.
Ach, wäre ich würdig, einen solchen zu lieben und von ihm geliebt zu werden.

Die Amme
Es könnte wohl noch geschehen, was du begehrst. Aber so bald noch nicht. Ein Vogel muss erst sein Nest bauen und nicht eher fliegen wollen als er flügge ist, als er genug Federn gesammelt hat.

Die Seele
Den einen hab ich erwählt.

Amme
Von drei Pfeilen bist du verwundet: mächtig – weise – schön.

Der Mystagoge
So wurde die liebende Seele durch verständiges Nachsinnen über die Macht, die Weisheit und die Schönheit ihres Bräutigams in Liebe verwundet. Einer, der eine Verletzung oder Wunde unter den Kleidern trägt, kann nirgends ausruhen oder bequem sitzen, er sitzt und setzt sich anders und wo er sitzt, sitzt er nicht recht, wie er es gern hätte. So einer ist die von Liebe durch und durch verwundete Seele.
Einer, der verwundet ist, denkt an nichts anderes als an seine Wunde.
Denn das Sprichwort sagt und es ist so: wo Weh da Hand, wo Lieb' da Aug'. Die Wunde öffnet das Herz. So ist die liebende Seele sehr verwundet umhergegangen. Wen sie sah, fragte sie nach ihm, ihrem Liebsten.
Denn beim Anblick aller Geschöpfe dachte sie an ihren Liebsten, der die Geschöpfe erschaffen hat, und deshalb hielt sie jedes Mal, wenn sie etwas Schönes sah, diese Kontemplation: Ach, wie schön ist mein Liebster, mein Bräutigam, von dem all diese Schönheit kommt. Ach wie würde ich mich freuen, wenn ich ihn selbst sehen, ihn selbst sprechen, ihn umarmen, ihn festhalten und nicht mehr gehen lassen könnte. Wann kommt die Zeit, wann werde ich dessen würdig sein?
Ihre Amme, die sich etwas von ihr entfernt hatte, damit die liebende Seele in der Kontemplation mit der Liebe allein sein sollte, diese geliebte Amme der liebenden Seele ist zu ihr zurückgekommen.

Abb. 2. Foto: Wolfgang Weimer

Am zweiten Tag, als die Seele zu lodern begann, hat die Amme gesagt:

1.1.2. Zweiter Tag – Lodern

Die Amme
Wie fühlst du dich, wie geht es deinem Herzen?

Die Seele
Amme, wo bist du so lange gewesen und hast mich zurückgelassen, ohne dass ich jemanden hatte, mit dem ich sprechen konnte.

Die Amme
Sprich und erleichtere dein Herz freimütig.

Die Seele
Ich fühle mich sehr verwundet. Ich fürchte, dass ich den lieben werde,
der mir ungleich ist, und dass ich daher ohne Trost bleiben werde.

Die Amme
Verzweifle nicht! Er verstößt niemanden, der ihn begehrt. Meinst du etwa, dass er so ist wie die Reichen, die Mächtigen die Weisen und die Lebenslustigen dieser Welt, die die anderen, die Armen, Schwachen, Unverständigen, Verunstalteten verachten und verwerfen. Nein! Denn je mächtiger und weiser er ist, desto mehr solltest du hoffen, dass er dich stark, weise und schön machen wird.

Die Seele
Wie soll ich es ihm vergelten? Was soll ich ihm geben? Was will er von mir?

Die Amme
Klein ist es, was er will, und nichts ist mehr in deiner Macht, als dass du ihn, der dich so sehr liebt, ebenfalls liebtest, nichts anderes will er als dein Herz, deine Liebe.

Die Seele
Was ist meine Liebe, dass dieser hohe Herr sich nach meiner Liebe sehnt? Was kann ihm meine Liebe geben oder nehmen? Ja, ich liebte ihn so gern, nichts täte ich lieber. Ach, wenn ich es nur könnte.

Die Amme
Seele klage nicht! Du bist genügend in der Lage, ihm zu geben, was er begehrt. Hast du nie von der armen Witwe gehört, die als Opfergabe zwei kleine Pfennige gab? Und er urteilte, dass sie mehr gab als alle anderen. So armselig bist du nicht, dass du diese zwei Pfennige, nämlich deinen Verstand und deinen Willen, nicht auch hast. Mit dem Verstand denke an ihn, mit dem Willen begehre ihn.

Die Seele
O Herr, wer bist du und wer bin ich?

Die Amme
Dein Herz lodert nach ihm.

Der Mystagoge
Wenn die liebende Seele dann unablässig über die unaussprechliche Güte nachdenkt, die ihr erwiesen ist, lodert sie in Liebe. Denn wie ein loderndes Feuer immer in Bewegung ist und nicht stillsteht, so rührt sich auch immerzu das lodernde Herz in Tugenden. Solch ein Herz ist entweder in Kontemplation, oder steht seinen Mitmenschen bei.
Zweitens: Wie das Feuer klettert und sich erhebt, so erhebt sich solch loderndes Herz und klettert durch den Himmel bis zu seinem Liebsten.
Drittens: Wie das Feuer Feuchtigkeit trinkt und aufsaugt, so trinkt auch das Feuer der Liebe in solch einer lodernden Seele allen Verfall, alle ungehörigen Lüste, alle Zuneigungen des Fleisches und verzehrt sie und reinigt die Seele davon, wie die Hitze der Sonne den Schmutz trocknet und die Wege rein macht.
Viertens: Wie das Feuer Zinn, Silber und alle Metalle läutert und säubert und vom Silber trennt, was im Silber schmutzig und unsauber ist, und das Gold trennt von dem, was kein Gold ist, so trennt die lodernde Seele sich selbst von allen Menschen, die ihren Liebsten nicht kennen, nicht mögen und heftet sich an diejenigen, die ihren Liebsten wie sie lieben.
Fünftens: Wie das Feuer alles erwärmt, das bei ihm ist, so will die lodernde Seele alle Menschen erwärmen und sie entzünden. Wie das Feuer schwer abzudecken ist, so kann sie ihre Liebe nicht bedecken.
Sechstens: Ein weiser Mann sagt: Das Feuer sagt nie, dass es genug Holz hat. So will auch eine lodernde Seele immer mehr und mehr lodern.
Siebtens: Das Feuer wandelt alles in Feuer um. Wirf Holz ins Feuer: Das Holz wird zu Feuer; wirf Tücher, Leinen ins Feuer: Das Feuer wandelt alles in Feuer um.
So wandelt auch eine liebende Seele alle Dinge in eine Zunahme ihrer Liebe um.
Wenn die liebende Seele im Innern über die Liebe und Milde ihres Bräutigams nachsinnt, lodert sie täglich mehr in Liebe.
Und ihre Amme ist wieder zu ihr gekommen und hat sie erwärmt und entzündet vorgefunden. Darüber hat sie sich gefreut.
Am dritten Tag, als die Seele krank wurde von Liebe, hat die Amme gesagt:

1.1.3. Dritter Tag – Krank sein

Die Amme
Mir scheint, dass die Funken des Feuers dich in Besitz genommen haben.

Die Seele
Das Herz fühlt eine solche Wärme durch die Worte, die du gestern zu mir gesprochen hast, dass ich sehr gern wieder mit dir sprechen möchte.

Abb. 3. Foto: Wolfgang Weimer

Die Amme
Damit du glaubst, dass er dich lieb und sehr lieb hat, hat er deinen Staub und seine Hoheit vereinigt, so dass er wie du, wie deine Natur war und noch so ist, und so dass du, das heißt deine Natur, er ist. Das Oberste ist das Niedrigste geworden, der Reichste ist deinetwegen der Ärmste geworden, der Unsterbliche sterblich und der Himmlische leiblich. Der Geehrteste ist der Verworfenste geworden, so dass er nicht wie ein Mensch sondern wie ein armer Wurm geworden ist, auf den man tritt, ohne aufzumerken.
Er ist gelaufen, hat gearbeitet in Erschöpfungen des Fleisches, im Schweiße seines Angesichts, um dich, Seele, zu suchen, als du von ihm weggelaufen warst und umherirrtest, dich verliefest, nicht wusstest wohin. Schließlich hat er, das Liebste, was er hatte, sein Blut, seinen Leib, sein Leben und seine Seele für dich hingegeben.
Deine Tugenden, die gar nicht in dir waren, haben deinen Liebsten nicht auf die Erde gezogen, aber deine Sünden und seine Liebe, die zogen ihn. O Seele, wirst du noch zweifeln an seiner Liebe? Wirst du noch sagen: Er ist zu erhaben, er wird mich nicht beachten?

Die Seele
So darf ich, liebe Amme, ihn dann wohl so nennen, wie er genannt wurde: den Bräutigam des Blutes. Denn damit er mein Bräutigam sein würde, hat er es sich sein Blut und sein Leben kosten lassen. Wer könnte dann beschämter sein als ich, ich Flaue, Laue, Ledige.

Seele und Amme
Sag ihm, dass ich krank bin von Liebe.

Der Mystagoge
Auf diese Weise siecht die Seele dahin durch die große Fassungslosigkeit im Nachsinnen über die unaussprechliche Liebe ihres Bräutigams, die er ihr erwiesen hat. Wie sich ein kranker Mensch ins Bett legt, so will auch die Seele, die krank ist von Liebe, in der Kammer der Einheit ruhen auf dem Bett der Kontemplation und da ruhig schlafen.
Zweitens: Ein kranker Mensch kann keinen Lärm und keine Geräusche ertragen, sondern will still sein ohne Getöse. Ebenso entflieht die Seele, die von Liebe krank ist, allen Wirren und allem Aufruhr der Welt.
Drittens: Ein Kranker will kein Geschwätz der Menschen, nicht die Plage von leerem Gerede, die ihm noch mehr Kopfzerbrechen macht als er bereits hat. Ebenso verschmäht eine von Liebe kranke Seele alle weltlichen Gespräche, alle eitle Unterhaltung.
Viertens: Der Kranke hat keine Lust irgendwohin zu gehen oder etwas zu tun, was er zuvor zu tun pflegte. Ebenso vergeht der Seele, die krank ist von Liebe, alle Lust und alles Begehren der Welt.
Fünftens: Der Kranke ist seiner Glieder nicht mächtig, sie werden schwach und krank. Ebenso hat die Braut, die von Liebe krank ist, kein Auge mehr, um Eitelkeit zu sehen, kein Ohr mehr, um Eitelkeit zu hören, keine Zunge mehr, um von Eitelkeit zu sprechen, keine Füße mehr, um dorthin zu gehen, wo Eitelkeit geschehen soll, keinen Verstand mehr, um Eitelkeit zu denken, keinen Willen mehr, um Eitelkeit zu begehren.
Sechstens: Ebenso wie ein Kranker oft klagt, seufzt und stöhnt, so klagt und stöhnt auch die kranke Seele, dass sie so lange außerhalb ihres Landes ist wie eine Verbannte.
Wenn die kranke Seele so auf ihrem Bett liegt und seufzt und stöhnt, kommt ihre Amme zum vierten Mal zu ihr und sagt:

1.1.4. Vierter Tag – Trunken sein

Die Amme
Tochter, wie steht es um dich? Liegst du da besiegt und eingenommen von deinem Liebsten? Er hat mich zu dir gesandt, dass ich dir das Herz erleichtern sollte, indem ich über ihn spreche.
Verwundete, lodernde, kranke Seele! Wenn du sagst: Ich sehe ihn nicht,
ich fühle ihn nicht, dann bist du, wie dein Liebster einst gesagt hat, umso seliger, wenn du an ihn glaubst.
Weißt du, Tochter, dass seine Freunde, als sie noch sinnlich lebten und sein liebevolles Gesicht, seine süßen Worte und den liebenswürdigen Umgang liebten, sehr niedergeschlagen waren, als er Abschied von ihnen nahm. Doch was sagte dein Liebster? Es ist notwendig für euch, dass ich von euch gehe, denn wenn ich nicht gehe und ihr mich weiterhin sinnlich liebt, wird der Geist, der Tröster, nicht kommen.
Klage also nicht.

Abb. 4. Foto: Wolfgang Weimer

Die Seele
Geliebte Amme, ich erkenne, dass alles wahr ist, was du sagst. Darum bin ich krank vor Liebe. Krank bin ich vor Angst und Furcht, dass ihm meine Lauheit missfallen wird, dass er mich, weil ich weder kalt noch warm bin, ausspeien wird, weil ich ja nicht so warm bin, wie ich wohl sein müsste.

Die Amme
Kann eine Mutter das Kind vergessen und nicht lieben, was sie getragen und geboren hat? Selbst wenn sie es verlassen würde, so würde ich dich dennoch nicht verlassen. Liebende Seele, hat er dich geheilt, erlöst und versöhnt, um dich zu verlassen? Hat er dich erwählt, gerufen und geheiligt, um dich im Stich zu lassen? Hat er dich zu seiner Tochter, seiner Liebsten, seiner Braut gemacht, um dich zu vergessen? Hat er dich befreit, dir seinen Geist mitgeteilt, dich zum Erbe seines Reiches gemacht, um dich zu verwerfen?
Höre ihn rufen: Komm zu mir, meine Allerliebste, iss, trink und berausch dich. Der süße Wein, der dich berauschen wird, ist die abgründige Gnädigkeit und Gutherzigkeit deines Liebsten.
O Seele, trink diesen süßen Wein und berausch dich daran. Dieser Wein ist süßer als Honig. Wie süß, wie schön, steht geschrieben, ist dein Trank, der jeden trunken macht, der ihn probiert. Das sind die Brüste des Bräutigams, die süßer sind, wie die Braut sagt, als jeder Wein.

Der Mystagoge
Wenn die kranke Seele an diesen Brüsten der Gnade saugt, so ist ihr dies wie ein starker Wein, der berauscht. Trunken wird solch eine Seele. Denn einem, der trunken ist, erscheint es, dass er reich ist, auch wenn er arm ist. Auch einer, der trunken ist in Liebe, denkt, dass er reich ist und dass ihm nichts fehlen kann.
Zweitens: Einer, der von Liebe trunken ist, ist verwegen und ohne Furcht. Solch eine trunkene Seele fürchtet keinen Menschen und hat es auf keines Menschen Dank oder Beifall abgesehen.
Drittens: Einer, der trunken ist, ist mild und gibt alles weg und hat keine Sorge, dass ihm etwas fehlt. Ebenso ist die liebende, trunkene Seele bereit, alles, was ihr gehört, zu lassen und aus sich selbst zu treten und so nackt ihrem nackten Bräutigam zu folgen.
Viertens: Einer, der trunken ist, hat vergessen, was er zu einer anderen Zeit gemacht hat; es ist ihm aus dem Sinn gegangen. Ebenso vergisst eine von Liebe trunkene Seele alle früheren Vergnügen und Freuden, die sie gesehen oder gehört hat.
Fünftens: Einer, der trunken ist, ist liebenswürdig in seinen Worten und schmeichelt jedem. Ebenso ist solch eine von Liebe trunkene Seele freundlich zu jedem und liebt jeden.
Sechstens: Einer, der trunken ist, freut sich und ist froh im Geiste. Ach, wer könnte den Jubel und das Aufspringen des Geistes ganz beschreiben, die solch eine von Liebe trunkene Seele oft verkostet, als nur diejenigen, die es manchmal selbst verspüren dürfen.

1.1.5. Fünfter Tag – Schlafen

Der Mystagoge
So ist am fünften Tag die Folge der Liebe: den Geist zu rauben. Wenn ein Mensch intensiv und sehr konzentriert über etwas nachdenkt, geschieht es, dass jemand vor ihm hergeht oder an ihm vorbeigeht und er ihn nicht sieht oder hört, denn wenn die Sinne so mit etwas beschäftigt sind, können sie sich keinem anderen Ding widmen. Solch ein Mensch ist mit offenen Augen blind und taub und ohne den Gebrauch seiner Sinne. Dies nennt man eine Ekstase, das ist ein Auszug des Geistes. Dies ist ein süßer Schlaf, den die Braut schläft. Und wer sich so in Ekstase oder in diesem Schlaf befindet, ist ohne Sehen oder Hören und ohne Gefühl für die Dinge außerhalb seiner selbst. So ergeht es der liebenden Seele, sehend und nicht sehend, hörend und nicht hörend, wissend und nicht wissend. Ihr Geist ist nicht dort, wo ihr Leib ist, sondern wo ihr Schatz, ihr Kleinod, ihr Liebster ist. Ihr Herz ist mit ihm beschäftigt, wenn sie sagt: Sag mir doch, du, den meine Seele liebt, wo du dich weidest, wo ich mit dir schlafen kann.
Wenn die liebende Seele aus diesem süßen Schlaf erwacht und zu sich selbst kommt, scheint ihr, dass sie aus dem Himmel gefallen ist in dieses Tal der Tränen. Dann klagt und seufzt sie ebenso wie das saugende Kind, dem die Mutterbrust entzogen ist. Sie schreit und weint und klagt und seufzt, weil sie die Brust der himmlischen Nahrung verloren hat, und sie sucht wieder dieselbe Süße, die sie geschmeckt hat.

Abb. 5. Foto: Wolfgang Weimer

1.1.6. Sechster Tag – Schmelzen

Der Mystagoge

O verliebtes Sprechen des Bräutigams, das die verliebte Seele am sechsten Tag so schmelzen lässt in heiligen Lüsten und süßem Begehren. Dieses Sprechen ist ein Ausgießen des Heiligen Geistes, der ihr Aufschluss gibt über solche Dinge, die niemand untersuchen kann, als nur Gottes Geist, über solche Dinge, die kein Auge gesehen und kein Ohr gehört hat, und der ihr zu erkennen gibt, was es ist, das für sie bereitet ist: dass es ein Gut ist, in dem alle guten Dinge enthalten sind, dass es ein Gut ist, das so groß ist, dass es kein Maß hat, so umfangreich ist, dass es keine Anzahl hat, so beständig, dass es kein Ende hat, dass es ein Leben ist, das lebendig ist, das selig ist, das ruhig ist, das still ist, das schön ist, das rein ist, das begehrenswert ist, dass keine Trauer kennt und keine Angst, keine Verdorbenheit, keinen Aufruhr, keine Veränderung, voller Schönheiten, voller Lieblichkeiten, voller Friede, voller Liebe, wo es ein ewiges Begehren gibt ohne Schmerz und eine ewige Sättigung ohne Überdruss. Dann kann die verliebte Seele wohl sagen: Mein Herz schmilzt wie Wachs mitten in meinem Bauch. Und so wird sie mit Paulus sagen: Ich lebe jetzt nicht mehr, sondern Christus lebt in mir.

Diejenige Seele ist geschmolzen, die der Welt ganz weggeschmolzen ist wie der Schnee, der vor der Sonne schmilzt und in die Erde tropft. Man verliert ihn und sieht ihn nicht mehr. Ebenso ist alles, was sinnlich ist, in einer solchen Seele weggeschmolzen und

Abb. 6. Foto: Wolfgang Weimer

verloren. Und in keiner Freude ist sie fröhlich und in keiner Widerwärtigkeit oder keinem Unrecht traurig. Welches Leben ist einem solchen Tod gleichzustellen? Niemand lebt nämlich so wahrhaftig, wie diejenigen, die so geschmolzen und gestorben sind.

1.1.7. Siebter Tag – Sich vereinigen

Der Mystagoge

Zuletzt, am siebten Tag: Der barmherzige Herr kann sich nicht länger verstellen noch verweigern. Er muss das Seufzen der Seele erhören und sie zu sich hinziehen und mit sich verbinden. Dann geschieht zum ersten Mal mit ihr, worum sie so lange gebeten hat: Einen Kuss will ich haben von seinem Mund.
Dass er mich küsse mit dem Kuss seines Mundes.
Liebende Seele, dein Herz ist wohl voller Begehren und Lust; du scheinst wohl verwegen und schamlos zu sein. Aber ich weiß ja, dass es die Minne ist, die dich so verwegen macht. Darum nennst du ihn nicht Vater, nicht Herr, sondern Liebster. Und so lange ruft die liebende Seele nach dem Kuss ihres Liebsten, dass der liebevolle Bräutigam, der gesagt hat: Ich liebe diejenigen, die mich lieben, sie erhört. Wie sollte der barmherzige Herr sie nicht empfangen; er, der selbst ruft: Wer Durst hat, komme zu mir, ohne Geld wird man ihm Honig und Milch geben.
Mein Geliebter liebkost mich und ich liebkose ihn.

Ich habe an meinen Liebsten gedacht und ihn geliebt und er dachte an mich und liebte mich. Ich habe, sagt sie, mich ganz meinem Liebsten zugewandt, und er hat sich mir zugewandt.

Abb. 7. Foto: Wolfgang Weimer

Wenn die Weisen sagen, dass zwei Freunde zwei Leiber haben müssen aber nur einen Geist und ein Herz, und von zweien einer gemacht werden muss, – um wie viel mehr ist das hier wahr, um wie viel zutreffender darf die Braut sozusagen Gott genannt werden, die so nah mit Gott verbunden ist. Das ist wie wenn ein Tropfen Wasser in ein Fass Wein gegossen wird: Das Wasser verliert seine Farbe und seinen Geschmack. Man sieht nichts als Wein, man schmeckt nichts als Wein. Das Wasser hat die Farbe und den Geschmack des Weines angenommen. Ebenso ist es mit der liebenden Seele, die verbunden ist mit Gott, ihrem Liebsten: Sie befindet sich sozusagen in Gott und scheint Gott zu sein. Dann wird sie sagen: Die linke Hand meines Liebsten ist unter meinem Kopf und sein rechter Arm umfängt mich.
Unter dem linken Arm, auf dem sie ruht, versteht man die Menschheit des Bräutigams. Und unter der rechten Hand ist die Gottheit des Bräutigams zu verstehen, die die Braut umarmt und umringt. Die vorzüglichste Freude liegt nämlich in der Gottheit, die die Braut rundherum umfängt und umschließt, so dass sie von der Flut der Gottheit umringt ist.
Und wann geschieht die Verbindung? Im siebten Jahr ist die Verbindung und das Hochzeitsfest. Unter dem siebten Jahr ist der siebte Zeitabschnitt des Menschen zu verstehen; das heißt der Zeitabschnitt nach der Arbeit dieses Lebens. Sechs Tage hat

Gott gearbeitet und am siebten hat er geruht. Deshalb ist es so, dass die Seele hier sechs Tage arbeitet und am siebten Tag ihren Sabbat halten wird, das heißt ausruhen und sich dann verbinden mit ihrem Bräutigam.
O liebende Seele und Braut Christi. Flehe, begehre, suche, rufe, klopfe, seufze und weine, bitte deinen Geliebten, dass er
erstens dein Herz verwundet,
zweitens deine Seele lodern lässt in Liebe,
drittens, dass er dich krank und siech mache,
viertens, dass er dich trunken mache von Liebe,
fünftens, dass er dich des Geistes beraube und den süßen Schlaf der Kontemplation schlafen lasse,
sechstens, dass er dich schmelzen lasse von Lust und Begehren.
So mögest du dich am siebten Tag, dem Tag der Ruhe, froh und glückselig verbinden und das allerangenehmste Hochzeitsfest feiern mit deinem Geliebten Jesus.

Amen.

Finis.

Lobt Gott durch alles.

1.2. Die Proben

Damit sich die Mitwirkenden der Sache *selbst* widmen können und nicht nur einer 'Abschattung' der Sache, bedarf es einer besonderen Art des Arbeitens. Ich möchte die Arbeitsweise Ursula Albrechts hier als phänomenologisches Inszenieren bezeichnen. Ursula lässt in ihrer Arbeit nicht nur die unterschiedlichen und sich ständig weiter entwickelnden Perspektiven der Mitwirkenden im Umgang mit der Grunderfahrung der Andacht zu, ja sie fordert jeden geradezu zur je eigenen Untersuchung der Grunderfahrung heraus. Der je eigene 'Erlebnisstil'[6] der Mitwirkenden ist erwünscht und gibt der Arbeit die Form. Ihre immer neuen Wahrnehmungen während der Proben und ihr Abtasten der Ränder des je eigenen Erfahrens tragen dazu bei, dass die Mitwirkenden sich intersubjektiv der Grunderfahrung der Andacht annähern. Dadurch kann die Grunderfahrung der Andacht allseitig und in allen Einzelheiten ans Licht kommen. Durch den Verzicht, im herkömmlichen Sinn Regie zu führen und der Produktion die eigene 'Einstellung' aufzudrücken, gelingt es Ursula somit, auf radikale Weise zur *Sache selbst* zu kommen: zu ihrer Grundstruktur, zur Andacht als

[6] E. Husserl, *Ideen zu einer reinen Phänomenologie und phänomenologischen Philosophie* II (Hua IV), Den Haag 1952, 111-112.

'reinen Möglichkeit' und 'offenen Unendlichkeit'. Ob Andacht freilich tatsächlich *selbst* erscheint, bleibt immer auch von der Gnade des Augenblicks, dem heiligen Nun des Spiels abhängig.

1. *Wahrnehmung*
Grundlage und erster Schwerpunkt für die Erarbeitung eines Stückes ist bei Ursula die Sensibilisierung der eigenen Wahrnehmung nach außen und nach innen.

Wahrnehmung nach außen. Der Prozess beginnt mit einer Wahrnehmungsschulung des Textes: Was genau steht in dem Text? Wie entwickelt sich der Text? Welche Akzente setzt der Text? Wie ist der Text strukturiert? Welche Auffälligkeiten sind erkennbar?

Sodann gilt es, die anderen Mitwirkenden genauestens wahrzunehmen: Wer sind die anderen Darsteller? Welche Charaktere treffen aufeinander? Welche Stärken und welche Schwächen zeigen sich? Wie reagieren die Kollegen in den Proben? Welche Lösungen bringen sie ein? Sind sie gegenwärtig? Wie ist der Kontakt untereinander? Wie gestaltet jeder seine Rolle? Was hat mir der andere zu sagen? Wie reagiert er auf mein Spiel? Was kann er beitragen und wo stößt er auf Blockaden?

Über ein Lesen und ein lesendes Spielen kamen die Mitwirkenden so zur Entfaltung ihrer Rollen im Wechselspiel gegenseitiger Herausforderungen und Unterstützungen. Für die Mitwirkenden war es wichtig, sich vor einander zu zeigen in ihren Möglichkeiten und Unmöglichkeiten. Es war ein Wahrnehmen seiner selbst und der jeweils anderen über Wochen und Monate hinweg. Auffällig war für mich, dass die drei sehr unterschiedlichen Charaktere große Offenheit für einander entwickelten. Sie lernten sich einzuschätzen und konnten sich doch noch bis zum Schluss auch immer wieder überraschen. Und genau dies machte auch ihre Freude am gemeinsamen Spiel aus: dass sie sich gegenseitig in immer neue Entwicklungen trieben.

Schließlich wird nach außen hin die Wahrnehmung des Raumes eingeübt. Wir hatten davon auszugehen, dass wir an verschiedenen Orten spielen würden. Da jeder Ort den Raum vorprägt, mussten wir jeweils schauen, wie wir an einem Ort ankommen konnten: mit unserer Geschichte und der Form, in der wir unsere Arbeit gebracht hatten. Wie konnten wir jeweils einen Ausgleich schaffen zwischen dem Transzendenten und dem Tastbaren, und zwar mit dem Bühnenbild, dem Licht, dem Körper und der Stimme? Den Ort anzunehmen war wichtig, bevor darauf geschaut werden konnte, welcher Raum im Raum für das eigentliche Spiel gebraucht wurde: Welche Distanzen und welche Nähe mussten im Raum möglich sein? Welche Linien spielten eine Rolle? Welche Wege wurden gegangen? Sollten die Wege eine Struktur bekommen oder sollten sie frei sein? Vieles wurde ausprobiert: Wie wirkt der Raum, wenn ich ihn ständig in markanten Linien durchschreite, wie wirkt er, wenn ich mich wenig bewege oder wenn ich alltägliche Gänge über die Bühne mache? Wie wirkt eine sehr gegensätzliche Raumbeziehung der Darsteller? Was soll und kann der Raum aussagen? Wie verhält sich der Raum zur verborgenen Gegenwart Gottes? Vor allem der Bühnenbildner ist in der genauen Raumwahrnehmung erfahren. Er bringt einen intuitiv probierenden Arbeitsstil ein. Er versucht an Hand von Skizzen, Bildern und Photos eine Lösung für das gemeinsame Spiel zu finden. Er schlägt eine Raumgestaltung vor und schaut genau hin, wie die Darsteller damit umgehen. Wenn etwas nicht passt oder nicht wirklich überzeugt, wird es auch wieder losgelassen. Es ist ein Prozess, der seine Zeit kosten darf. Es wird keine vorgefertigte Lösung aus der Schublade gezogen, sondern aufmerksam hingeschaut, was zu diesem Text und zum Spiel dieser Darsteller dazugehört.

Wahrnehmung nach innen. Ignatius von Loyola sagte über die Betrachtung eines geistlichen Textes: 'Nicht das Vielwissen sättigt und befriedigt die Seele, sondern das Verspüren (*sentir*) und Verkosten (*gustar*) der Dinge von innen her (*internamente*)'.[7] Genau dieses Verspüren und Verkosten der Dinge von innen her wurde auch in der Arbeit an der *Kammer der Andacht* gesucht. Es ging darum, sich für eigene Erfahrungen zu öffnen. Wenn der Text wahrhaftig gespielt werden sollte, musste man sich auch wahrhaft innerlich für den Text öffnen. Man musste durchlässig für ihn werden. Der Text musste die Vorstellungskraft der Mitwirkenden ansprechen. Und sie mussten ihn ohne innere Distanz ausstrahlen können. Somit waren vor allem die Durchläufe des Stückes selbst und die Gespräche nach den Proben wichtig für die Wahrnehmung nach innen. Hier konnte jeder neue Möglichkeiten in sich selbst entdecken. Hier konnte probiert und anschließend sortiert werden, was passte und was nicht passte und weiter auszuloten war. Die Wahrnehmung nach innen ist mehr noch als die Wahrnehmung nach außen leicht durch Emotionen oder Vorstellungen getrübt. Dann genügt es meistens nicht, dass ein anderer seine Wahrnehmungen daneben legt und diese oder jene Sache zu bedenken gibt. Das alles bringt noch keinen Durchbruch. Erst wenn der Betreffende selbst eine frische Erfahrung, ein neues Verkosten und ein Verspüren von innen her bekommt, kann er seine Wahrnehmung nach innen wirklich schärfen. Weil solche Erfahrungen nach innen hin immer wieder gemacht wurden, ja bis zum Schluss immer wieder möglich waren und auch in den Aufführungen noch geschehen können, bleibt jeder Durchlauf des Stückes und jeder Rückblick darauf auch wohl weiterhin eine immer tiefer gehende Auslotung der Grunderfahrung der Andacht. Man muss viel und intensiv mit menschlichen Grunderfahrungen umgehen, um sie differenziert und glaubwürdig mit dem ganzen Leib zu präsentieren. Man muss neugierig auf sie bleiben, um sie leidenschaftlich und mit szenischer Phantasie dar zu stellen.

[7] Ignatius von Loyola, *Geistliche Übungen* (Übertr. & Erkl. Adolf Haas), Freiburg 1966, 15.

Im geistlichen Leben spricht man von der Sensibilisierung der inneren Sinne, mit denen man innerlich schmecken, tasten, hören, riechen, sehen kann. Diese inneren Sinne müssen benutzt werden, damit sie sich entwickeln können. Origenes schreibt: 'Christus wird von jedem Sinn der Seele erfasst. Er bezeichnet sich als das wahre Licht, das die Augen der Seele erleuchtet. Er nennt sich das Wort, um gehört zu werden; das Brot des Lebens zum Verkosten. Ebenso heißt er Salböl und Narde, dass sich die Seele am Wohlgeruch des Logos erfreue. Er wurde das fleischgewordene Wort, das man aussprechen und verstehen kann, damit der innere Mensch das Wort des Lebens erfasse. Dasselbe Wort Gottes ist all dies (Licht, Wort usw.), es wird dazu durch ein glühendes Gebet und lässt auch nicht einen dieser geistlichen Sinne ohne Gnade'.[8] Die Sensibilisierung der Wahrnehmung nach innen kann nur in Ernsthaftigkeit gelingen. Ein So-tun-als-ob, ein äußeres Repräsentieren ist künstlerisch und spirituell uninteressant. Spannend hingegen ist die wahrhaftige Erkundung der realen geistlichen Möglichkeiten.

Die Verbalisierung der Wahrnehmungen. Die je eigenen Wahrnehmungen während der Probenarbeit wurden immer wieder formuliert: in den Gesprächen im Anschluss an die Proben, in den Probenberichten, die mir zugeschickt wurden, wenn ich nicht an den Proben teilnehmen konnte, und in den Interviews, die ich mit jedem Mitwirkenden führte. Die Aufmerksamkeit verweilte intensiver bei den eigenen Erfahrungen, wenn diese im Nachhinein ausgesprochen oder aufgeschrieben wurden, als wenn sie schnell im Alltagsgeschehen wieder verblassten. Manchmal genügte bereits eine kurze Notiz, das Festhalten eines Eindrucks, das Einfangen eines Gedanken. Die Signale des eigenen Körpers und des eigenen Geistes können nur ins Bewusstsein dringen, wenn jemand einhält und Zeit nimmt, damit das Bewusstsein eingeholt werden kann von dem, was der Körper bereits als Notwendigkeit fühlt oder der Geist als Verwandlung erkannt hat.

2. *Grenzgänge*

Ein zweiter Schwerpunkt in der Arbeit an der *Kammer der Andacht* bestand in den fortwährenden Grenzgängen.

In der Einübung. Schon die Arbeit am Text glich einem Grenzgang. Mit der Stimme und mit dem ganzen Leib wurde experimentell erprobt, bis wohin man den Text lesen kann. Wohin führt die Lesung des Textes mit allen Sinnen, mit aller Achtsamkeit und Gegenwärtigkeit? Wohin gelangt man auf diesem Weg? Mit Hilfe der Improvisationen wurde der Verstehensraum des Textes ausgemessen. Sorgfältig wurde abgetastet, wie die Szenen zwischen der Seele und der Amme zu verstehen sind und wie die kommentierenden Intermezzos aufgefasst

---

8 Origenes, *In Canticum Canticorum. II*, in: *Origenes und Gregor der Große, Das Hohelied* (Einl. & Übers. K. Suso Frank), Einsiedeln 1987.

werden können. Ähnlich der Ruminatio, dem geistlichen Wiederkäuen einer Schriftstelle bei den alten Mönchen und Kirchenvätern, wird auch im MusiktheaterKoeln gleichsam gegessen, zerkaut und zermahlen und schließlich verdaut und im Herzen verkostet, was den Darstellern in diesem Text angereicht wird. Und dies geschieht mit dem ganzen Leib: im Gestus, im Atem, im sprachlichen und musikalischem Ausdruck.

In ganz neue Geschmacksbereiche führten uns die Improvisationen. Sätze, die zunächst befremdlich waren, wurden nicht gestrichen, sondern mit mehr Aufmerksamkeit angegangen. Sensoren für bestimmte Passagen mussten erst noch entwickelt werden. Sätze, die zunächst einfach erschienen, erwiesen sich später als große Herausforderungen. Immer wieder hieß es neu hinzuschauen, sich nicht auf bestimmte Verstehensweisen festzulegen und keine voreingenommene Textlesung zu entwickeln. Die Frage, ob Leseweisen auch wieder losgelassen werden konnten, wenn sie schließlich einer vertieften Erkenntnis nicht mehr entsprachen, begleitete uns bis zum Schluss.

Die Improvisation – das sagt ja schon das Wort – ist etwas Nicht-Vorhergesehenes, etwas Unvermutetes (lat. *improvisus*). Etwas wird unvorhergesehen aus dem Augenblick heraus neu gelesen und die Grenze des inneren Verarbeitens und Verstehens wird aufs Neue abgetastet. Genau das geschieht in jeder Probe. Zwar wird Bewährtes beibehalten, aber es wird nie einfach kopiert, es wird nie fest einstudiert und routinemäßig abgewickelt. Immer wieder aufs Neue stellt sich die Frage nach dem lebendigen Augenblick. Die professionelle Improvisation braucht daher im Gegensatz zur landläufigen Meinung sehr viel Vorbereitungszeit, weil sie den Handlungsraum zunächst auf zahllose Möglichkeiten hin öffnen muss, bevor sie aus dem Augenblick heraus unvorhergesehen und unvermutet das Spiel entfalten kann. Somit kann man die Improvisation als Entgrenzungsarbeit verstehen: Die Grenzen des bereits Ausprobierten werden immer weiter verschoben. Die Improvisation ist gleichsam ein ständig neues Probehandeln, das von Erfahrung zu Erfahrung führt.

Katharina von Genua hat über die Erfahrung der Andacht gesagt: 'Doch wie diese Teilnahme (am göttlichen Leben) sei, denke nicht, dass man es sagen könnte. Du wirst es nicht eher wissen, als bis dein Geist zu jener Reinheit und Lauterkeit zurückkehrt, in der er von Gott erschaffen wurde. Aber wenn wir zu dieser Grenze kommen wollen, so muss Gott uns von innen und von außen verzehren'.[9] Genau diese Grenze, an der Gott den Menschen von innen und von außen zu verzehren beginnt, versuchen die Mitwirkenden improvisierend aufzuspüren. Lesend, also den Text schmeckend und wiederkäuend, gelangen die Darsteller an die Grenze, wo sie nicht mehr verzehren, sondern verzehrt werden.

[9] Katharina von Genua, 'Biographie, Kap. 35', in: L. Sertorius (Hg.), *Katharina von Genua: Lebensbild und geistige Gestalt ihre Werke*, München 1939, 104-105.

Dieser geistliche Prozess ist in der Geschichte der Spiritualität meines Wissens noch nie so entblößt von Voreingenommenheiten auf der Bühne untersucht worden. Es stellte sich die Frage: Wie sollen die Mitwirkenden sich denn von der göttlichen Wirklichkeit her verzehren lassen? Kann man das überhaupt bewusst auf der Bühne herstellen? Welche Gebärden, welche Geräusche, welche Töne, welche Rhythmen werden dabei provoziert? Welch Unerhörtes, Unbekanntes lässt sich in dieser Offenheit und Durchlässigkeit berühren? Und wie kann das Jenseits-der-Grenze als Geheimnis schließlich im Spiel spürbar werden?

Die Antwort erscheint zunächst simpel: Die Darsteller beginnen einfach zu spielen. Ohne vorher zu planen und miteinander abzusprechen, wie eine Szene aussehen soll, begeben sie sich ins Spiel. Sie lösen sich aus dem Alltagsgeschehen, sie suchen eine Haltung der Achtsamkeit für das augenblickliche Nun und beginnen dann in Offenheit und Durchlässigkeit für den Text mit ihrem Spiel. Der Text übernimmt im Grunde die Steuerung des Improvisationsprozesses. Der Text wirkt in den Darstellern und führt sie von Handlung zu Handlung in seine Wirklichkeit hinein, eine Wirklichkeit, die immer nur aktuell im heiligen Nun lebendig sein kann, eine Wirklichkeit, die man nicht in Wort und Schrift festhalten kann.

Wer sich hierauf einlässt, der wird unweigerlich an seine Grenzen geführt. Die Grenzen zeigen sich dadurch, dass man aus dem Spiel fällt und ausweicht. Es sind z.B. Momente, die zum verlegenen Lachen oder zu einer peinlich berührten Empörung reizen.

Auch bei unseren Proben gab es immer wieder solche Momente. Seele und Amme konnten sich z.B. an bestimmten Stellen lange nicht in die Augen schauen, ohne zu lachen. Etwas reizte zur Scham und zur Verlegenheit, etwas konnte zunächst nicht überschritten werden und reizte zum ausweichenden Lachen. Dies hatte mit Konventionen der Alltagswirklichkeit zu tun, die im geistlichen Leben überschritten werden müssen. Diese Konventionen mussten erst im Laufe der Proben regelrecht abgebrochen werden.

Ebenso gab es auch Momente, wo die Darsteller sich im Spiel zu empören drohten. Eine besonders heftige Empörung musste eine Woche vor der Premiere gemeistert werden, als in aller Schärfe die Zumutung spürbar wurde, dass die Seele ab der Trunkenheit in Schweigen und Offenheit auf der Bühne auszuharren hat. Blockaden, die sich aus der Alltagswirklichkeit aufdrängen, mussten demontiert werden, damit die Grunderfahrung der Andacht nicht nur in einer abgekoppelten Innerlichkeit, sondern eben auch in einer leiblichen Form im öffentlichen Raum aufscheinen kann.

In der Auslegung. Ginge es in der *Kammer der Andacht* nur um Einübung, nur um eine neue spirituelle Praxis, bräuchte man das Stück nicht auf der Bühne zu zeigen. Es könnte dann wie eine Meditation im Verborgenen gespielt werden. Es geht im MusikTheaterKoeln aber um mehr. Es geht auch um Auslegung, um eine neue spirituelle Hermeneutik. In einem konkreten Text aus der spirituellen Tradition wird den Spuren des geistlichen Weges nachgegangen und diese werden dann aus dem Spiel heraus gedeutet. Die Deutung der geistlichen Spuren erfolgt nicht theoretisch, sondern experimentell handelnd. Dem Zuschauer wird auf der Grundlage seiner Sinneswahrnehmungen die Möglichkeit gegeben, diese Experimente zu verfolgen und mit zu vollziehen. Zu Ende geführt eröffnen diese Experimente Einblicke ins geistliche Leben. Sie legen den inneren Grund frei, den zu bewohnen in der *Kammer der Andacht* nicht nur die Darsteller versuchen.

Es gibt innerlich viele Schwellen, die überschritten werden müssen, bevor der Mensch tatsächlich auf diesen Grund der ursprünglichen Offenheit und Andacht gelangt. Je wahrhaftiger das Spiel wird, je weniger aufgesetzt, je weniger gewollt und gemacht, je natürlicher die Stimme wird und je mehr die Bewegung aus dem Innern kommt, desto eher kann der Zuschauer berührt werden, sich selbst an diesem geistlichen Spiel zu beteiligen.

So befindet sich plötzlich auch der Zuschauer in der Gefahr der Empörung oder der Gefahr des Lachens. Ich habe das selbst mehrfach bei Proben so erfahren: Ist dies nicht ein schamloses Spiel mit der Mystik? Darf man die unio mystica überhaupt so in das Rampenlicht der Bühne zerren? Wie unerhört und wie unzumutbar ist doch die göttliche Gegenwart!

Auch kann der Zuschauer zum Lachen gereizt werden, zur Verlegenheit und Scham: Was passiert da denn jetzt? Wie soll ich das denn noch einordnen? Die mystische Vereinigung ist doch etwas sehr Privates, Verborgenes, Tabuisiertes! Dann kommt es darauf an, ob ein Zuschauer sich schauend wahrhaft entgrenzen lässt. So etwas ist durchaus möglich. Nach der Premiere sprach eine Zuschauerin davon, dass sie das Stück durch ihren ganzen Leib hindurch wie eine Flut wahrgenommen habe, eine andere fühlte sich dem Stück gegenüber zunächst einmal völlig ratlos. Das können Anzeichen dafür sein, dass alte Maßstäbe zerbrochen werden. Schließlich bestätigt das Stück nicht bekannte Voreingenommenheiten, sondern sucht die Bruchkante, von der aus auch der Zuschauer seine eigene Grunderfahrung der Andacht hier und jetzt, in diesem heiligen Nun weiter bringen kann.

Der lebendige Moment der Auslegung behauptet nie, dass er die einzige oder die optimale Umsetzung des Textes ist. Er ist aus dem heraus gestaltet, was den Darstellern zur Verfügung steht: ihrer Tagesform, ihrer (Nicht-)Verbindung zu Gott, dem ihnen geschenkten Augenblick. So ist die Hermeneutik des Musiktheaters als eine demütige Hermeneutik aufzufassen und lädt den Zuschauer dazu ein, seinerseits demütig hinzuschauen: mit seiner Tagesform, mit seiner (Nicht-)Verbindung zu Gott, mit dem ihm geschenkten Augenblick.

Im Nicht-Verbalisieren des Jenseits-der-Grenze. Letztendlich kann, wie Katharina von Genua sagte, nicht wirklich in Worten ausgedrückt werden, was jenseits der Grenzen, die hier in der Einübung oder Auslegung dieses Stückes möglicherweise zerbrechen dürfen, erfahren wird. In der *Kammer der Andacht* wird dieses Jenseits daher als Nicht-Verbalisierung gestaltet. Das heißt, dass sich das Jenseits in den Grenzgängen der Einübung und der Auslegung zwar mitteilen kann, jedoch nicht mehr als szenisches Geschehen. Das Spiel zerbricht und setzt sich auf einer anderen Ebene als Nicht-Spiel fort. Dieser Übergang ist der Schlüsselmoment des Stückes. Er wurde in unserer Arbeit, einübend und auslegend, in aller Schärfe erst eine Woche vor der Premiere entdeckt. Es ist etwas anderes, diesen Übergang oder diesen Strukturbruch im Stück theoretisch zu analysieren, wie ich es in meiner Doktorarbeit getan hatte, oder aber diesen Übergang und diesen Strukturbruch in der praktischen Arbeit abzutasten und improvisierend zu umspielen. Letzteres geht erst dann, wenn die Mitwirkenden ein Bewusstsein dieses Strukturbruches bis in ihre Leiblichkeit hinein entwickelt haben. Man kann das nicht forcieren.

So habe ich während unserer Arbeit auch schätzen gelernt, dass genug Geduld da war und den Mitwirkenden Zeit gelassen wurde, eine zutiefst entsprechende Darstellungsform für diesen mystischen Text zu entwickeln. Es ist eine durch und durch phänomenologische Darstellungsform, die Verkrustungen immer wieder aufbricht und die Grunderfahrung der Andacht auf unerwartete Weise als *Sache selbst* wach werden lässt.

3. *Intersubjektivität*

Das fundamentale *Ja* der Regisseurin zu genau diesen Mitwirkenden war im Grunde die Vorraussetzung dafür, dass die gemeinsame Arbeit gelingen konnte. Die einzelnen Menschen waren gefragt, ihr Spiel mit dem Text, ihre Talente und ihre Entwicklungsmöglichkeiten, um diesen Text darzustellen. Was sie sich gegenseitig zutrauten, wozu sie sich inspirierten und provozierten, trug zur Erarbeitung der Produktion bei. Dieses *Ja* zu jedem Mitwirkenden durchzutragen und auszuhalten, war ein wesentlicher Aspekt der Probenarbeit.

So ging es im gemeinsamen Arbeiten fundamental um die Anerkennung der Alteregos, eine Anerkennung, die sich vor allem auf den Stil der anderen bezieht.[10] Kommunizieren mit einem anderen bedeutet, den Stil des anderen im eigenen Stil nachvollziehen. 'In erster Linie kommuniziere ich nicht mit "Vorstellungen" oder mit einem Gedanken, sondern mit einem sprechenden Subjekt, das einen bestimmten Stil hat, und mit seiner "Welt", die darin intendiert ist'.[11]

---

[10] E. Husserl, *Zur Phänomenologie der Intersubjektivität* II (Hua XIV), Den Haag 1973, 501-504.
[11] M. Merleau-Ponty, *Phénoménologie de la perception*, Paris 1945, 214.

Die Probenarbeit war in weiten Strecken ein gegenseitiges Einschleifen des Stils im Umgang mit der Grunderfahrung der Andacht. Romano Guardini hat dargelegt, dass ein Stil umso mehr Überzeugungskraft gewinnt, je mehr das Einzelhafte zugunsten des Allgemeinen zurücktritt. Das Urbildliche tritt dann hervor oder wie die Phänomenologen sagen würden: die *Sache selbst* kann sich zeigen. 'Immer dann empfinden wir Stil, wenn das wirr-mannigfaltige Leben eine solche Vereinfachung erfahren hat, wenn seine innere Gesetzmäßigkeiten betont und es aus dem Besondern ins Allgemeine gehoben ist'.[12]

Klarheit und Strenge, Durchgestaltung und Durchsichtigkeit, die den Mitwirkenden nicht wie ein Schema auferlegt wurden, sondern als lebendiger Ausdruck der *Sache selbst* in gemeinsamer Arbeit gewonnen wurden, standen am Ende der Probenarbeit. Jeder einzelne hat diese Arbeit mitgestaltet und ihr doch nicht einen beliebigen oder willkürlichen Ausdruck verliehen.

In Interviews mit den Mitwirkenden wird die je persönliche und doch gemeinschaftliche Arbeit intersubjektiv zur Sprache gebracht.

1.2.1. Interview mit Ursula Albrecht T.OCarm

Ursula, seit vielen Jahren beschäftigst du dich mit der Improvisation im Schauspiel. Du unterrichtest das Fach Improvisation an der Hochschule für Musik und du arbeitest als Leiterin und Regisseurin des MusikTheaterKoeln ausschließlich mit dieser Herangehensweise. Welche besonderen Möglichkeiten im Schauspiel werden durch die Improvisation gegeben?

In vielen Theaterarbeiten werden zuerst innere Zusammenhänge gesucht. Dann wird oft, entweder aufgrund eines persönlichen Unvermögens oder wegen eines äußeren Erfolgzwangs, zu schnell auf die äußere Wirkung Wert gelegt. Das heißt, dass der Regisseur dann Formen vorgibt, die oft keine inhaltliche Anbindung mehr haben. Die einzelnen Schauspieler haben es in so einer Hülle oder Form oft schwer, weil ihnen die Tiefe und somit das Leben verwehrt werden. Wenn eine Form keinen Inhalt hat, ist sie tot.

Die Möglichkeiten, die sich nun bei der Improvisation auftun, betreffen den ganzen Menschen. Im Improvisieren kann man zuerst den einzelnen zusammen mit dem gestellten Thema zu sich kommen lassen, damit er in einem zweiten Schritt auch zu den anderen kommen kann. Durch das absichtslose Spielen miteinander kommt Bewegung auf, weil sich eine übergeordnete Kraft einfindet.

Improvisieren heißt zuallererst: Schwächen und Stärken anschauen und anschauen lassen. Heißt Nicht-Wissen. Heißt Strukturlos-Sein, bis sich die eigene Struktur auftut und damit auf die Struktur der anderen treffen kann. Heißt Geduld haben. Heißt Einsamkeit aushalten.

Das alles auszuhalten gilt allerdings für die Darsteller und für den Regisseur. Es geht dabei auch um die Erfahrung, ohne bestimmte Leistung angenommen zu sein.

---

[12] R. Guardini, *Vom Geist der Liturgie*, Freiburg 1918, 41.

Mich persönlich hat die jahrzehntelange Beschäftigung mit der Improvisation immer sensibler und wacher werden lassen für den Augenblick. Die Sehnsucht nach dem Wesentlichen trieb mich dadurch zunehmend um. Ich musste die Schriften der Mystiker lesen: Meister Eckhart, Johannes vom Kreuz, Dionysius Areopagita – und fand mich darin zutiefst ausgesprochen. Der Zusammenbruch alter Werte musste also notwendend folgen. Dieser Zusammenbruch war Verwirrung. Keinerlei Aussicht und Halt. Schmerz. Ein grauenhafter Kampf auf Leben und Tod. Mein Schrei nach der Gottesliebe.
Dass aufgrund solcher Erfahrungen der Blick ein anderer wird, ist verständlich. Es entstand dadurch zunehmend ein Innen und Außen. Meine Theaterarbeit fand sozusagen mehr und mehr Außen und Innen statt. Ich meine damit, dass ich auf die Anwesenheit des Heiligen Geistes achtete. In der Probenarbeit warte ich also vor allem auf eine Liebesverwundung aller Mitwirkenden. Da der Weg schmal ist, ist Achtsamkeit notwendig.

In verschiedenen Produktionen hast du dich bereits mit Texten christlicher Mystiker auseinandergesetzt. Wie erarbeitest du mit den Schauspielern und Musikern einen solchen Text?

Da ein Textverständnis mit persönlichen Erfahrungen diesbezüglich zu tun hat, können sich auch nur diejenigen wirklich verstehen, die ähnliche Erfahrungen machen durften. Die sich ähnlich geworden sind. Ein jeder spricht von seinen Erfahrungen bzw. von seinen Nicht-Erfahrungen, wenn er über einen Text spricht, denke ich. Es ist also die Frage, inwieweit er selbst zum Text geworden ist. Dann spielt die Anziehung eine Rolle. Die aufwärts ziehende Kraft des Eros hin zur Erlösung. Unser ganzes *Ja* zu Jesus Christus zieht uns ganz in ihn hinein und es zieht weitere mit, die in die Nähe (innere Nähe) gestellt wurden und zwar in einer geheimen, verborgenen Weise, denke ich. Darüber kann aber nicht gesprochen werden.

Du wirkst in der Kammer der Andacht *als Regisseurin mit. Wie gehst du mit der Aussage dieses Stückes um, dass der geistliche Mensch Gott die Regie überlässt? Hat das Konsequenzen für deine Arbeit?*

Neulich wollte ich Regie führen, also eine von mir ausgedachte Form vorgeben, ohne auf die tiefen Bedürfnisse der einzelnen Darsteller zu achten. Und da ist mir aufgefallen, wie anstrengend das ist und wie sehr das eine Missachtung meines Gegenübers und meiner selbst ist. Die Macht, die im Auferlegen einer persönlichen Struktur liegt, schwächte mich. Weil sie mich verhärtete. Da war ich froh, dass ich das erkennen durfte. Für mich gilt, dass ich das Wissen immer wieder neu in das Nicht-Wissen entlassen muss. Meine persönlichen Vorstellungen lassen muss und das auch aushalten muss. Das ist manchmal so qualvoll.
Das Thema Marta und Maria, also Kontemplation und Aktion anzunehmen und die Spannung, die daraus entsteht, auszuhalten, ist immer wieder eine grenzwertige und schmerzhafte Herausforderung. Manchmal allerdings löst sich während der Probe alles so sehr im inneren Frieden auf, dass ich während der Proben *nur* da bin. Da fallen geistliches Leben und Theater in eins. Dann probe ich vielleicht nicht mehr. Und

ich bin dann wohl auch keine Regisseurin mehr. Und doch ist da Bewegung. Da denke ich mit Freude an die Cherubim in Ezechiel, die ganz zwecklos sind, weil sie *nur* reine Bewegung sind.
Zu deiner Frage nach den Konsequenzen für meine Arbeit, sage ich:
Meine Arbeit muss wohl – Gott sei Dank – die Liebe sein.

1.2.2. Interview mit Reiner Witzel

Reiner, du hast in der Ausübung deines sehr vielseitigen Berufes ständig mit Improvisation zu tun. Im Unterricht und in Konzerten hast du viele Erfahrungen mit der Improvisation gesammelt. Welche besonderen Möglichkeiten in der Musik werden durch die Improvisation gegeben?

Die Improvisation gestattet dem Ausführenden ein sehr hohes Maß an Freiheit. Da nicht Vorgegebenes reproduziert wird, sondern ein Rahmen geschaffen wird, in dem sich der Improvisierende mehr oder weniger frei bewegen kann, wird ständig Neues geschaffen, wird immer wieder neu und anders komponiert. Die Vorgaben können sehr unterschiedlich sein, so können z.B. eine Skala oder Tonfolge oder ein bestimmter Rhythmus (der wie bei der *Kammer der Andacht* z.B. auf einer Wortfolge basiert) Grundlage für eine Improvisation sein. In der Dreierkonstellation der *Kammer der Andacht* verhält es sich wie bei einem Mobile: Jede musikalische Bewegung, selbst ein Schweigen, führt zu einer weiteren Bewegung; die drei Musiker behalten viel Raum für persönlichen Ausdruck und verschmelzen doch zu einem ausbalancierten musikalischem Gefüge.

Du hast in Amerika interessante Erfahrungen in Gospel-Gottesdiensten gemacht. Was kann die musikalische Improvisation leisten, wenn es um den Ausdruck geistlicher Ekstasen geht?

Die musikalische Improvisation basiert ja zum einen auf vorgegebenen Regeln, lässt aber andererseits dem Improvisierenden die Freiheit, persönliches Empfinden auszudrücken. So kann ein Raum geöffnet werden, in dem sich der Ausführende sehr weit von festgelegten Strukturen und damit auch von sich selber entfernen kann. Man wird gehalten und ist trotzdem frei.

In der Kammer der Andacht *wirkst du als Komponist mit. Wie siehst du deine Arbeit als Komponist in diesem Stück, das ja eine geistliche Ekstase auf die Bühne bringt?*

In der Kammer der Andacht sehe ich mich eher als einen musikalischen Begleiter als in der Funktion eines Komponisten. Die Ausführenden improvisieren und komponieren daher selber. Meine Aufgabe sehe ich darin, zu kanalisieren und zu ordnen, Anregungen zu geben, um ein höchstmögliches Maß an Klarheit und Weite zu ermöglichen, das auch der Betrachter/Zuhörer nachempfinden kann. Wenn man bedenkt, dass das Wort *komponieren zusammensetzen* bedeutet, bin ich vielleicht insofern Komponist, als dass ich versuche, die Fülle der Ideen zu verbinden und meine eigenen einfließen zu lassen, um so die vielfältigen Formen der Ekstase zu unterstützen.

1.2.3. Interview mit Manfred Schneider

Marpa, es fällt mir auf, dass dein Bühnenbild in der Kammer der Andacht *nicht einfach eine Kulisse ist, vor der oder in der das Stück gespielt wird. Mit deinem Bühnenbild und deinen Kostümen greifst du auch in die Gestaltung des Spiels ein. Woran orientierst du dich dabei?*

Beim Lesen des Textes entstehen immer Bilder, der Text wird dreidimensional. Meistens bleibt eines und erscheint mir als mögliche Lösung. Damit konfrontiere ich dann die anderen. Ich versuche dieses Bild dann mit Hilfe der Darsteller, den Improvisationen, den Gesprächen zu überprüfen, versuche zu erspüren, ob es sich verbindet, ob vielleicht sogar eine Einheit entsteht. Dies zu wissen dauert oft viele Proben lang und ist auch oft sehr schmerzhaft, da ich Bilder, Ideen und Vorstellungen oft loslassen muss, weil sie im Zusammenhang nicht so funktionieren. Dann habe ich Angst und Zweifel, ob noch etwas anderes entsteht. Ich muss mich dazu sehr stark innerlich mit der Arbeit verbinden und Vertrauen haben. Dann kommt eigentlich immer etwas. Plötzlich stimmt das Gefühl und überträgt sich und dann weiß ich, dass es richtig ist. Bei den Kostümen ist es auch so. Ich versuche mich ganz auf den Menschen und seine Rolle einzulassen in der Hoffnung, dann zu wissen welche Unterstützung der Schauspieler braucht, um das darstellen zu können, was er möchte. Dabei darf ich aber nicht das ganze Bild aus den Augen verlieren. Das Individuelle muss sich mit dem gesamten Bild verbinden.

Du machst viele Fotos bei den Proben. Später malst du dann auf der Grundlage dieser Fotos Bühnenbilder und Kostüme. Auch mit einem Computerprogramm entwirfst du eine ganze Reihe von Varianten. Wie funktioniert dein Material im Hinblick auf den Entwicklungsprozess einer Produktion?

Den Weg mit den Fotos habe ich aus zwei Gründen gewählt. Einmal, um die Arbeit zu dokumentieren, zum anderem als Hilfsmittel, um auch in den probefreien Tagen weiter daran arbeiten zu können. Das hat mit unserem sehr ungewöhnlichen Probenrhythmus zu tun. Die Fotos dienten dann als Arbeitsgrundlage, um an den Proportionen und Farben arbeiten zu können. Ich konnte die Ausdrucke übermalen, wieder abfotografieren, wieder übermalen. Dabei habe ich, ohne an einem Modell arbeiten zu müssen, viel sehen und erfahren können.

Du hast dich in der Kammer der Andacht *für die Kreuzform entschieden. Das liegende Kreuz ist der Ort, an dem Amme und Seele miteinander sprechen. Es ist der Ort, an dem die Seele die Gegenwart ihres geliebten Bräutigams entdeckt. Arbeitest du gern mit solchen urchristlichen Symbolen?*

Dass es nun ein Kreuz ist, hat nichts damit zu tun, dass ich mich besonders mit christlichen Symbolen beschäftige; es ist einfach gekommen und hat sicherlich mit dem Thema und der Bearbeitung zu tun. Die Kreuzform war ja schon bei meinem ersten Entwurf der Kapelle da, noch völlig unbewusst. Als die Kapelle nicht so angenommen wurde, hatte ich große Schwierigkeiten, und allen anderen Ideen fehlte die

Eindeutigkeit. Ich war immer weiter mit der Kapelle beschäftigt, bis mir plötzlich der Grundriss bewusst wurde und sich dann recht schnell und klar das Kreuz zeigte. Es war keine bewusste Entscheidung, es war einfach da. Ein Geschenk.

1.2.4. Interview mit Ute Feldhofer

Ute, du arbeitest zum ersten Mal an einer Produktion des MusikTheaterKoeln mit. Du assistierst und unterstützt das Projekt, wo es hilfreich ist. Was ist neu für dich?

Bei den meisten Unternehmungen, in denen Menschen zusammenarbeiten, ist die Hauptmotivation die Erwirtschaftung von Geld. Dagegen liegt bei dem Projekt der *Kammer der Andacht* das Leitmotiv der einzelnen Mitwirkenden vermutlich in der persönlichen Auseinandersetzung mit sich und Gott und in der daraus resultierenden Bereicherung des Seelenlebens. Hier haben sich Menschen zusammengefunden, die ihre Zeit bewusst einer anderen Größe, der Größe *Gott* widmen. Diese Ausrichtung auf Gott bewirkt einen anderen, einen neuen Umgang miteinander. Während unserer Zusammenarbeit dominiert eine freundschaftliche und respektvolle Atmosphäre. Eine Qualität, die in einem normalerweise üblichen Arbeitsalltag selten anzutreffen ist.

Du bist nun inzwischen bei vielen Proben dabei gewesen. Welche Erkenntnisse hast du gewonnen? Wo siehst du Chancen und Gefahren dieser Herangehensweise?

Das MusikTheaterKoeln erarbeitet die *Kammer der Andacht* in Form der Improvisation. Im Gegensatz zu einer fest eingeübten Struktur, in der sich der Schauspieler bei jeder Probe und Aufführung zu wiederholen hat, lässt das Improvisationstheater viel Freiraum. Freiraum für den persönlichen Momentzustand des Darstellers und die sich spontan entwickelnde Interaktion zwischen ihm, seinem Schauspielerkollegen, dem Text und dem Bühnenraum. Die Stärke der Improvisation ist das immer wieder Neuerfindende, das Zulassen von allem. Diese Stärke kann sich in Schwäche umwandeln, wenn das Publikum dem Bühnengeschehen nicht mehr folgen kann. So kann die Improvisation eine Gradwanderung zwischen Publikum und Schauspieler werden, wenn nicht wie im Falle dieser Inszenierung eine ganz andere Priorität gesetzt worden wäre: Die Entwicklung der Seele der Darsteller. Der Zuschauer ist eingeladen, die Chance wahrzunehmen. Er darf hören und sehen, wenn er zu hören und zu sehen versteht. Jede bisherige Probe der *Kammer der Andacht* setzt sich fort zu einer neu geschaffenen Version, in der sich bereits Erprobtes und für gut Befundenes einen Platz erobert hat. Wie ein Fels in der Brandung entpuppt sich Amelrys Text zum Leitfaden eines jeden Probendurchlaufes.

Das Bühnenbild besteht aus einem schlichten, aber eindrücklich großen Kreuz. Arbeitest du gern mit solchen urchristlichen Symbolen?

Symbole sind mentale Transportmittel. Das Kreuz ist ein stark, energiegeladenes Symbol, das eine weit zurückreichende Menschheitsgeschichte hat und bereits in der vorchristlichen Geschichte verbreitet war. In der *Kammer der Andacht* symbolisiert das Kreuz gemeinsam mit den auf ihm balancierenden Darstellern die enge Verbindung von Gott und den Menschen. Mir gefallen Bühnenbilder, die genauestens definiert sind, trotzdem aber Raum lassen für die eigene, persönliche Phantasie.

1.2.5. Interview mit Frank Albrecht

Frank, du hast sehr viel über die Schauspielerei nachgedacht und dich selbst als Schauspieler auch in sehr verschiedenen Produktionen erlebt. Was zeichnet die Arbeit an der Kammer der Andacht *aus?*

Deine erste Frage, Elisabeth, scheint mir im Grunde eine Zusammenfassung von mehreren Fragen zu sein. Oder anders gesagt: Wenn ich meine Erfahrungen aus sehr verschiedenen Produktionen einfließen lassen will, werden zumindest mehrere Antworten notwendig.
Denn was die Arbeit an der *Kammer der Andacht* zunächst vor dem größeren Teil meiner Theatererfahrungen auszeichnet, liegt in dem besonderen Regie-Stil von Ursula begründet, der charakteristisch ist für die Gesamtheit der Arbeiten des MusikTheaterKoeln.
Nach einer Beschreibung dieses Regie-Stils wäre es dann die Aufgabe, in einer feineren Differenzierung dasjenige zu benennen, was innerhalb der Produktionen des MusikTheaterKoeln die Arbeit an der *Kammer der Andacht* besonders auszeichnet.
Wesentlich an Ursulas Arbeitsweise als Regisseurin ist ihre Selbstzurücknahme. Sie ist eine Beobachterin und Begleiterin des schöpferischen Prozesses und hält sich selbst mit einer Einflussnahme durch eigene Vorstellungen zurück. Damit gibt sie zum einen den Akteuren Raum zu einem ganz persönlichen Umgang mit dem Stoff, und zum anderen hält sie damit ihre Sinne frei zur Wahrnehmung für das Wirken des Stoffes an den Akteuren. Das Vertrauen darauf, dass der Stoff sich selbst formuliert, sofern die Akteure sich wach und konzentriert und so wahrhaftig wie möglich auf ihn einlassen, ist das Credo ihres Arbeitsansatzes.
Sie vermeidet daher soweit wie möglich Festlegungen in der Bildersprache. Wenn man Theater als eine Sprache von genau organisierten Zeichen für Auge und Ohr verstehen will, so würde sich in Ursulas theatralischem Ansatz nur wenig davon wieder finden. Nicht von ungefähr spielt bei ihr deshalb die Improvisation eine zentrale Rolle: Es ist der lebendige Augenblick, der sie interessiert, und der immer wieder neu, – also immer wieder anders –, aufgespürt werden muss. Ein bewusster Verzicht auf äußerliche Strukturgebung wird hier geübt. In ihrem Essay 'Postdramatisch weiterdenken' beschreibt Christel Weiler einen solchen Ansatz treffend:
'...es handelt sich viel eher um ein energetisches als um ein zeichenhaft festzulegendes Phänomen, dem unsere Aufmerksamkeit gilt. Gläubigkeit/Glaubhaftigkeit ist eher zu spüren als zu sehen, ist eher der performativen als der semiotischen Seite zuzuordnen'. –
Was nun die Arbeit an der *Kammer der Andacht* vor früheren Arbeiten des MusikTheater Köln auszeichnet, ist, dass zwar auch hier die Antistruktur, das Prozesshafte, ganz im Sinne der Ausführung von Christel Weiler, von zentraler Bedeutung ist. Schließlich geht es ja darum, einen mehrstufigen Ver-Wandlungsprozess erfahrbar zu machen. Als Neues drängt sich aber hier gleichzeitig ein spürbares Bedürfnis nach

Struktur auf. Das liegt wiederum im Stoff begründet, denn: Sieben Entwicklungsstufen müssen in ihrer eigenen Charakteristik erkennbar werden! Dazu braucht es auf Seiten der Akteure ein Mindestmaß an gemeinsamem Verständnis der einzelnen Stufen, d.h. aber auch: Es braucht ein Mindestmaß an gemeinsam fokussiertem Agieren, also: Festlegung bei den Körper-Bildern, beim Klang, bei der Organisation von Zeit. Also Struktur?

Es scheint, dass die Struktur als der Widerpart und als die Ergänzung zur Antistruktur hier unumgänglich wird. Das bedeutet für die Beteiligten durchaus eine Herausforderung. Wie kann die eine Seite leben, ohne der anderen Seite das Leben zu nehmen? Der Stoff selber scheint (strukturell) die Auseinandersetzung zwischen Struktur und Antistruktur, zwischen Innen und Außen unumgänglich zu machen. Für die Akteure bedeutet dies, die Balance zwischen Sich-anheimgeben und Sich-kontrollieren, zwischen Lassen und Fassen zu finden. Eigentlich ein Grundproblem des Bühnenmenschen. Hier taucht es aber noch einmal exemplarisch als Bewusstseinsfrage für eine spirituelle Lebenshaltung auf: Leben und Bühnenleben treffen sich im selben Anspruch.

Du spielst den Mystagogen, der sich vor allem damit beschäftigt, was in der Seele vorgeht, wenn sie mit ihrem Bräutigam allein ist, also wenn sie sich in die Verborgenheit zurückgezogen hat. Gibt es besonders schwierige oder besonders schöne Stellen für dich?

Ich bewege mich sehr gerne durch die Sprache von Amelry. Sie hat die Musikalität eines Gewässers, von dem ich mich hinweg tragen lassen kann. Reißende Stromschnellen, ruhiges Fließen und heiter murmelnde Verläufe wie die eines Bächleins rhythmisieren sie und sind dabei von einem hymnischen Grundton beseelt, der tanzen und singen will und der getragen scheint von dem einen Ziel, dereinst im Ozean aufzugehen. Es fällt mir schwer, die Eigenschaft *schwierig* auf die Sprache oder auf bestimmte Textstellen hier überhaupt anzusetzen. Schwierigkeiten liegen für mich weniger in den Ansprüchen der einzelnen Stufen (verwundet sein, lodern, krank sein), als vielmehr im Zusammenspiel mit den Kollegen, im richtigen Augenblick auf die richtige Weise mit dem Text umzugehen. Denn wie überzeugend der einzelne Moment gelingt, hängt sehr davon ab, ob und wie ich mit meinen Texten die jeweiligen Ereignisse, die zwischen uns Dreien sich vollziehen, aufgreifen und durchdringen kann. Die eigentliche Schwierigkeit und Herausforderung liegt also darin, mit dem inhaltlichen Anspruch der jeweiligen Stufe dem Prozesshaften des Augenblicks adäquat zu begegnen.

Auch die Wahl einer besonders schönen Stelle fällt mir gar nicht so leicht. Jede Stufe erschließt sich mir in ihrer Eigenart so unmittelbar, dass ich (subjektiv) das Gefühl habe, ihrem Anspruch andeutungsweise entsprechen zu können, und ich begebe mich gerne in sie hinein (vielleicht ist meine Selbstbeschränkung auf eine Andeutung die mir zugängliche Möglichkeit, mich dem Thema zu stellen?).

Allerdings berührt mich die sechste Stufe *Schmelzen* als *primus inter pares* doch auf besondere Weise, weil sie so etwas Schwebendes zwischen den Gegensätzen hat und gleichzeitig schon von einer lichten, bewussten Erkenntnis durchstrahlt wird, wie sie der vorhergehenden Stufe *Schlafen* noch fehlt.

Der kreative Prozess im MusikTheaterKoeln wird ja gemeinsam von allen Mitwirkenden gestaltet. Was muss man tun, was kann man tun, damit alle optimal zusammenwirken?

Schon in den vergangenen Jahren hat sich mir die Frage nach dem Wesentlichen meines Berufes als Schauspieler neu gestellt. Und mir gefiel zunehmend der Gedanke, dass ich mein Tun auf der Bühne als handelndes Philosophieren begriff. Nicht unwesentlich haben an diesem Selbstverständnis auch die Erfahrungen Anteil, die ich bei einem indonesischen Bewegungslehrer gewonnen habe, der Meditation in Bewegung unterrichtet hat. Der Unterricht war vor allem Wahrnehmungsschulung. Anleitung zum gelassenen Gegenwärtigsein. Er regte dazu an, ein Spürbewusstsein zu entwickeln für das, was sich Hier und Jetzt in mir und um mich herum ereignet. Mit dieser Ausrichtung trifft er sich in Ursulas Anspruch, Zeugnis abzulegen von dem, was in unserer Auseinandersetzung mit dem spirituellen Sprechen Amelrys in uns zum Leben erweckt wird.
In der *Kammer der Andacht* geht es im Vergleich mit anderen Theaterproduktionen mehr darum, das Bühnengeschehen als handelnde Kontemplation auszuüben. Die Gegensätze von Tun und Lassen und von Körper und Geist sind in einem derart charakterisierten Prozess gleichwertig miteinander verbunden.
Um einen solchen kreativen Prozess gemeinsam zu gestalten ist es dementsprechend wichtig, eine Wachsamkeit füreinander zu kultivieren, die bereit ist, sich von inneren und äußeren Impulsen leiten zu lassen und die riskiert, auch Schritte ins Offene, in unbekanntes Gelände zu gehen.
Eine wichtige Voraussetzung für dieses Wagnis ist das gegenseitige Vertrauen der Mitwirkenden untereinander. Ebenso ist es hilfreich, dass die Mitwirkenden ein gemeinsames musikalisches Verständnis für Dynamik und Gestaltung des Bühnengeschehens entwickelt haben, das sie befähigt, sich nonverbal zu verständigen und auch in unübersichtlicher Lage produktive Entscheidungen zu fällen. Die karmelitische Spiritualität beschreibt den Weg zur Begegnung mit Gott mit dem Bild einer Bergbesteigung. Auch für den kreativen Prozess in der *Kammer der Andacht* ist dieses Bild eine zutreffende Beschreibung. Die Mitwirkenden befinden sich auf einem Weg, der nicht frei ist von manchen Gefahren. Doch im Vertrauen aufeinander, auf die eigene Wachsamkeit und auf eine innere Führung ist das Erreichen des Gipfels keine Frage des Zufalls.

1.2.6. Interview mit Joerg Bräuker

Joerg, als Opernsänger hast du bereits viele Erfahrungen gesammelt. Was machst du im MusikTheaterKoeln anders als an der Oper?

Das besondere an der Arbeit mit dem MusiktheaterKoeln liegt im Streben nach Wahrhaftigkeit und der Achtung im Miteinander. Der Blick, die Gedanken und die Haltung, die ein Mensch gegenüber einem anderen Menschen hat, wirkt auf einen solchen. Und ein solcher reagiert darauf teils bewusst und unbewusst. So kann ich mich freuen, dass die Haltung von Ursula, der Leiterin und Regisseurin des Musiktheater-Koeln, eine durchweg wohlwollende und der Wahrheit nachstrebende ist, was die Atmosphäre einer Produktion prägt.

Authentisch und stimmig soll es sein. Für jeden von uns Teilnehmenden. Und dieses Stimmig-Sein bedeutet, dass wir mit dem Herzen dabei sind, dass wir wach und aufmerksam sind.
Begegnung – Begegnung mit dem Text – welche Wirkung hat dieser. Begegnung mit Frank und Lorenz – wie wirkt ein jeder auf mich. Begegnung mit der Amme, der Seele, dem Mystagogen – welche Wirkung haben diese Figuren auf mich.
Ausdruck – was für eine Bewegung spüre ich in mir in der Wirkung des Textes und wie gebe ich meiner inneren Bewegung Körper, Klang und Stimme. Ebenso in der Interaktion mit Lorenz, der Seele, und Frank, dem Mystagogen, die sich ebenfalls in der Wirkkraft des Textes befinden.
So lassen wir uns ein und spüren unseren Impulsen nach und geben ihnen Raum, wir improvisieren.
Haltung, Gebärde, Tongebung und Farbe, Beziehung und Entfremdung, Sicherheit und Unsicherheit entstehen.
Im weiteren Prozess der Arbeit kristallisieren sich die Figuren in ihren Eigenheiten, Qualitäten und Beziehungen zueinander heraus. Diese sind den von Gott gegebenen Talenten und Fähigkeiten des darstellenden Menschen sehr nahe. Das bedeutet, dass die Entwicklung einer Figur in unserer Arbeit aus den Anlagen, dem Potential des Menschen heraus entsteht. Es ist nicht so, dass ich eine Vorstellung von einer Amme habe, die z.B. weich, freundlich, sich zurücknehmend und dienend sein mag, und versuche dann diese Vorstellung umzusetzen, sondern durch den Text und durch mein Gegenüber, der Seele, erfahre ich meine Amme. Da bin ich oft überrascht, da ich nun irgendwie doch eine Vorstellung von der Amme habe, wenn der Moment, die Situation eine Haltung von mir fordert, die ich in einer Amme nicht vermuten mag. So reduziert sich meine Vorstellung von einer Amme auf das Ziel, die Seele zur Erkenntnis Ihres Bräutigams zu führen. Das Wie, die Art und Weise meiner Darstellung, ergibt sich aus dem Einlassen und Nichtausweichen in dem Moment, in dem sich die Wahrheit mitteilt und ich mich und mein Gegenüber erkennen und erfahren darf. Dann bin ich authentisch, stimmig und ganz. Und das ist ein höchst lebendiger Prozess, da wir uns immer wieder neu begegnen, dem begegnen, was anwesend ist – in mir selbst und in meinem Gegenüber. Ich kann mich dann nicht hinter einer Rolle, die ich spiele, verbergen und schützen, mich gemütlich einrichten, wie ich das oft erlebe und auch beobachte, sondern ich bin gefordert wach zu sein und an mir und meinem Gegenüber dran zu bleiben.
Diese jedem Menschen eigene Art sich auszudrücken, sich zu verkörpern, diese Art des wachsamen Miteinander und dieses durch die Bühne zu bezeugen ist eine Spezialität des MusiktheaterKoeln.

Die Amme besucht die Seele in der Kammer der Andacht, *um mit ihr über ihren göttlichen Bräutigam zu sprechen. Immer wieder zieht die Amme sich zurück, damit die Seele Raum bekommt für die unmittelbare Begegnung mit dem Bräutigam. Was ist für dich reizvoll und spannend an der Rolle der Amme?*

Spannend und reizvoll – darüber denke ich nach: Die Amme, ein liebevolles Wesen, welches die Seele ihrem himmlischen Bräutigam anvertraut. Die Amme, welche das

Liebesfeuer in der Seele entzündet und der Seele innewohnende schlummernde Sehnsucht weckt. Sie führt die Seele, nimmt ihr Zweifel und Unsicherheit, stärkt die Seele, indem sie das geschichtliche Wirken ihres Bräutigams beschreibt. Sie bezeugt in dem, was sie der Seele mitteilt, die Heilige Schrift und sie weiß um die Befindlichkeit der Seele auf dem Weg zur Vereinigung mit ihrem Bräutigam. Sie ist vertraut mit Ängsten, Ent-täuschungen und Fragen der Seele, und aus ihrer Klugheit und Weisheit heraus handelt sie und spendet Vertrauen und Wärme. Desgleichen freut sie sich mit der Seele in ihrer lodernden Begeisterung und ihrer trunken werdenden Erkenntnis.
Gewagt möchte ich sagen, dass die Amme die Botschaft des Evangeliums darstellt, die zu hören uns Menschen durch den Heiligen Geist möglich ist. Doch wie das Studium der Schrift ist das Gespräch der Seele mit der Amme bis zu einer bestimmten Stufe möglich. Der Stufe nämlich, bevor die Seele in die Kontemplation hineingezogen wird, in den süßen Schlaf, in dem der heilige Geist die Führung der Seele übernimmt und sie in Liebe wachsen und gedeihen lässt. Der herkömmliche Wahrnehmungs- und Verstandesraum wird überstiegen. Dort ist nicht mehr Gedanke noch Reden.

Mystagoge, Seele und Amme artikulieren sich in mir, in meinem Bewusstsein. Der vom Autor so herzhaft formulierte Dialog zwischen der Seele und der Amme und die vom Mystagogen beschriebenen Seelenzustände kann ich in mir, in meiner Person, entdecken.

Meine Seele, – die sich angenommen und geliebt fühlen möchte, die sucht und sich nach ewiger Liebe sehnt, keimendes Vertrauen, welches erstrahlt und dann verblasst, Kraftlosigkeit und Müdigkeit zum einen, Glückseligkeit, Hoffnung und Begeisterung zum anderen, ein sicheres Band hingebungsvoll empfindend, welches der Zweifel im nächsten Augenblick zu zerreißen droht.

Meine Amme, – die mich führt, die mir mitteilt, was gut für mich ist, mir mein Ziel zeigt. Sie sagt mir 'halt inne und atme, spüre', – 'lies in der Schrift und denke darüber nach, stell es Dir vor', – 'bete'. Sie gibt mir Hoffnung und stärkt mich und gibt mir das Gefühl, dass meine Seele aus der Zerrissenheit zur Einheit kommt, wenn ich ihr folge. Meine Amme wirkt aus dem Gutsein heraus und nährt und gestaltet sich durch die Verbindung mit dem Heiligen Geist. So sucht sie die mit dem Fleisch verbundene Seele in die Freiheit zu führen, in die Einheit, bis zu dem Punkt, an dem der Geist die Führung übernimmt. In diesem Bewusstseinsraum verschmilzt meine Amme mit dem Unnennbaren.

Mein Mystagoge – analysiert mich, wie ich empfinde, wie es mich durchflutet, wie ich mich leer fühle, wie ich in stiller Verzückung bin, wie ich im Nichtwissen bin. Er ist quasi der Reflektor meiner Seele und benennt ihre Erfahrungen.

Durch die Arbeit mit der *Kammer der Andacht* verstärkt sich mein innerer Wahrnehmungsraum. Die oben beschriebenen Figuren erkenne ich in mir, und ich nehme wahr, wie sich jede auf ihre eigene Art, in ihrem eigenen Gefühls- und Gedankenraum in mir äußert. Das ist natürlich ein sehr komplexes Gefüge und wer von diesen Dreien in mir klingt, lässt sich des öfteren schwerlich unterscheiden, da meine Selbstwahrnehmung oft getrübt ist.

Das Besondere an der szenischen Darstellung jener Bewusstseinskräfte liegt in deren Kristallisierung. Dadurch, dass jeder der Darsteller nur eine Wirkkraft verkörpert,

ihr Stimme und Bewegung gibt, kann ich sie isoliert und im Gesamten erleben, erkennen und erfahren, im Darstellenden und in mir. Das erlebe ich als große Bereicherung.
So erlebe ich als Darsteller der Amme ihre Wirkkraft und ihre behutsame Führungsqualität. Ihr Wohlwollen und ihre Klarheit im Dialog mit der Seele. Doch ist die Amme nicht die Seele, – ich sage das, da mir bei den Proben oft eine unbewusste Identifikation mit der Seele widerfahren ist. Damit meine ich, dass ich als Amme mich habe hinein nehmen lassen in die Stimmungen der Seele und die Distanz verloren habe, so dass ich ganz Seele wurde und dadurch zu meinen Worten als Amme keine Beziehung mehr spürte. Das leichte Paradox darin ist ja nun, dass ich als Darsteller eine Seele habe und auch beseelt (leidenschaftlich) die Amme spielen möchte, mich die Szene und der Text jedoch herausfordert und anhält klar zwischen der Seelenwelt und der Ammenwelt zu unterscheiden und zu wirken. Die Amme sucht nicht, sie kennt den Weg. Sie ist nicht in der Frage, sie weiß um das Ziel. Sie ist nicht die im Fleische Wohnende, sie ist Botschafterin und Dienende des Geistes.

Du hast mir kürzlich geschrieben, dass die Kammer der Andacht *für dich 'ein Zeugnis der spürbaren Wahrheit unseres Seins ist'. Was ist deiner Ansicht nach wichtig, damit das Zeugnis auf die Dauer nicht verschleißt, wenn das Stück zum zwanzigsten oder dreißigsten Mal gespielt wird?*

Verschleiß erfahre ich, wenn ich eine Bewegung aus der Gewohnheit heraus ausführe. Keinen Verschleiß erfahre ich, wenn ich eine Bewegung aus meiner momentanen Konstitution heraus ausführe. Lasse ich mich mit meinen Sinnen auf eine Situation ein, erlebe ich Lebendigkeit.
Durch meine Sinne erlebe ich die Atmosphäre eines Raumes, in dem ich mich befinde, ich nehme die Stimmung der dort anwesenden Menschen und Dinge wahr und ich spüre mich selbst, meinen Körper, meine Gefühle und meine Gedanken. In meiner Wahrnehmung befinden sich der äußere Raum, das Um-mich-herum, mein innerer Raum, das In-mir, und der gemeinsame Raum, die Verwebung des äußeren Raumes mit meinem inneren Raum und meinem inneren Raum mit dem äußeren. Das ist die Ausgangsbasis, die Konstitution.
In dieser Haltung beginne ich einen Durchlauf zur *Kammer der Andacht.*
Meine Gedanken teilen mir mit, dass ich mich hier befinde, um das Stück *Kammer der Andacht* darzustellen, in dem meine Rolle die Amme ist. Ich bin die Amme – mein Körper reagiert, meine Stimmung verändert sich, meine Haltung definiert sich. Dort ist die Seele, der Mystagoge und wir stehen gemeinsam auf einem Kreuz. Was für ein Wandel! Da stand ich vorhin noch als Joerg zusammen mit Lorenz und Frank auf den Holzbrettern und nun bin ich in der *Kammer der Andacht.* Das ist eine Herausforderung! Wie reagiert meine Konstitution auf meine Idee, auf die Bewegung meiner Gedanken? Das ist immer wieder neues Erleben. Bin ich durchlässig und offen, müde und verspannt, verschlossen und behindert oder tatkräftig und inspiriert. Gelingt es mir die Worte der Amme zu sprechen und zugleich Amme zu sein oder bin ich Joerg, der mit den Worten der Amme spricht? Wer ist Amme, wer ist Joerg? Der Prozess des Eintauchens, der Hingabe in die Verschmelzung mit der Amme ist

notwendig, da andererseits die Worte meiner Amme unglaubwürdig wären, Worthülsen für mich und den Betrachter.
Glücklicherweise wirkt das immer neue Einlassen auf den Text in meiner Seele und meine Seele fragt sich denn nun auch, ob das wirklich so ist, was die Amme der Seele in der *Kammer der Andacht* mitteilt. Höre ich dann den Mystagogen, wie er die Regungen in der Seele beschreibt, forsche ich in meiner Seele, ob ich das kenne.
So ist auch meine Seele in der *Kammer der Andacht* und erlebt dort einen Geschmack von dem Verwundet-Sein hin zur himmlischen Vereinigung. Das ist sehr verlebendigend und erfreuend und meine Seele spürt die Wahrheit in der Tiefe. Und mit jedem Durchlauf des Stückes stärkt und festigt sich diese Erkenntnis. Das hat dann zur Folge, dass ich immer begeisteter die Amme spiele, da ja meine Seele selbst zur Erkenntnis gekommen ist, dass dieser Weg eine prima Sache ist. So bin ich als Joerg eine bezeugende Amme und als Amme bezeugender Joerg.
So sehe ich für unsere weiteren Vorstellungen nicht die Gefahr des Verschleißes, sondern die Fruchtbarkeit des Senfkorns, welches keimt und wächst und zu einem 'mächtigen, weisen und schönen' Baum wird.

1.2.7. Interview mit Lorenz Heimbrecht

Welche Momente waren für dich die bewegendsten in dieser Produktion? Gab es Augenblicke, in denen keine Lösung in Sicht war und wenn ja, was brachte die Lösung?

Der Anfang war schwer. Ich habe die Zerbrechlichkeit und die Intimität des Textes so deutlich gespürt, dass ich mich nicht getraut habe, mich zu bewegen. Ich hatte Angst den Inhalt kaputt zu machen. Wenn man sich aber in einem Bühnenstück nicht bewegt, ist das recht schlecht! Ich habe die Reaktionen meiner Mitspieler, auch die von Ursula und von Dir durchaus wahrgenommen. (So sagest Du zum Beispiel in den schon fortgeschrittenen Proben, dass 'auch Lorenz zum Schauspieler geworden ist..'..) Und ich habe anfangs trotzdem keinen Ausweg gesehen, den Erwartungen zu entsprechen. Ich habe gewartet auf eine Perspektive. Irgendwann kam diese Perspektive, ohne dass ich sagen könnte wann. Ich vermute als Musik und Bühnenbild Gestalt annahmen. Aber ich habe keine konkrete Lösung in Erinnerung. Nur ein zunehmendes Zutrauen zum Text und vor allen Dingen zum Körper, der sich dazu verhält. Wie diese Perspektive aussieht, kann ich nicht sagen. Sie ist gänzlich unsprachlich, sie ist ein Zulassen und Hingeben, eine Ungestörtheit.
(Es fällt mir auf, dass ich zu meinen innerlichen Vorgängen wenig und zu meinem Verhältnis zum Text nichts ausdrücklich sagen kann. Das ist mir zu schwer. Die Vorgänge sind so innerlich, dass es unangenehm ist, darüber Auskunft zu geben. Außerdem ist es sehr schwierig, überhaupt Worte dafür zu finden, die das Innerliche halbwegs beschreiben, ohne unverständlich oder pathetisch zu sein. Dies ist auch vier Monate nach der Premiere so.
Dies hängt sicherlich mit den bewegenden Ereignissen dieser Produktion zusammen. Es hängt auch mit meinem Kunstverständnis zusammen, dass Kunst sich immer durch sich selbst und nicht durch Erklärungen mitteilen sollte. Und es hängt damit zusammen, dass ich meine Religiosität für eine absolute Privatsache halte. So habe ich Schwierigkeiten zu antworten.)

Mit dieser Perspektive, die ich schließlich gefunden hatte, ging ich zuversichtlich in die letzte Probenwoche. Ich hatte eine wenn auch sehr zerbrechliche Sicherheit gefunden: Ich wollte mich von Satz zu Satz bewegen. Ich wollte mich mit dem jeweils Gesprochen zu den anderen beiden verhalten, mit ihnen darüber ins körperliche Gespräch treten. Ich hielt mich sehr an den Worten fest und hatte darin eine Sicherheit und auch Einfachheit gefunden.
Nun entschied Ursula aus sehr nachvollziehbaren, inhaltlichen Gründen zwei Tage vor der Generalprobe, dass mein Text in den letzten Gesprächen vom Mystagogen gesprochen werden sollte. Dies löste bei mir in mehrerer Hinsicht Panik aus. Erstens musste ich, der ich mich für einen schlechten Schauspieler halte und auf der Bühne für das schwächste Glied der Kette, ca. 30 Minuten auf der Bühne stehen, ohne ein Wort zu sagen. Ich bin Sänger! Das hieß, mich all meiner Professionalität zu entkleiden. Zweitens hatte ich Angst, dadurch den Kollegen das Stück zu versauen, weil ich so aus dem Rahmen falle, dass ich Spannung zwischen uns zerstöre. Drittens konnte ich mich nicht dagegen wehren, Angst zu haben, mich innerhalb von vier Aufführungen nacheinander wirklich aufzulösen und meine psychische Fassung daran zu verlieren.
Es blieb mir jedoch nichts übrig als mich den Vorstellungen auszuliefern, in der Hoffnung, dass ich beschützt genug bin und sich meine Befürchtungen als unbegründet erwiesen. Die Alternative wäre gewesen, das Stück abzusagen. Das wollte ich aber auf keinen Fall.
In der Tat stellten wir übrigens nach der vierten Aufführung gemeinsam fest, dass man dieses Stück nicht mehr als zweimal nacheinander spielen kann. Eine echte Lösung bezüglich meiner Angst gibt es allerdings bis heute nicht, obwohl ich nun mit einer relativen Gelassenheit in die Aufführungen gehe, habe ich doch immer noch Angst, der Fragilität des Textes etwas anzutun und damit auch meine Kollegen auf der Bühne hängen zu lassen. Heute allerdings ist es keine Panik mehr. Ich halte diese Angst für gesund. Sie sorgt für Vorsicht, Bescheidenheit und eine selbstkritische Sicht, ohne dass sie mich im Spiel behindert.

Mit welchen Fragen gehst Du aus dieser Produktion heraus? Welche Auswirkungen könnte diese Produktion auf dein künstlerisches Leben haben?

Es gibt eine Frage, die mich sehr beschäftigt: Ich arbeite als Produktionsleiter und musikalischer Leiter ganz anders als Ursula. Ursula hat im wesentlichen abgewartet, nur reflektiert, wo etwas nicht schlüssig war und dort, wo es nötig war, auch verfügt, dass es geändert werden muss. Ich hingegen greife sehr deutlich ein, versuche Ansätze, die noch nicht ausdrückbar sind, bei den Beteiligten hervorzulocken, Ideen erst einmal bis zum Ende zu treiben, gehe nicht zum nächsten, wenn etwas nicht schlüssig scheint. Mit einer solchen Arbeitsweise wären wir vielleicht bei der *Kammer der Andacht* nicht weit gekommen. Ganz bestimmt aber nicht zu diesem Ergebnis. Es bleibt für mich die Frage, was ich zur Zeit mit meinem Vermögen überhaupt bearbeiten sollte. Sicherlich muss ich noch warten, bis ich mich an Arbeiten wage, die so viel Zulassen erfordern. Ich bin vorsichtiger geworden mit meinen eigenen Aufgabenstellungen.

Die weiteren Auswirkungen sind eigentlich Bestätigungen. Abwarten lohnt sich, ist wohl die wichtigste Bestätigung. Man kann bei Kunst selten am Anfang sehen, was es am Schluss ergibt. Es hat mich viel Mut gekostet abzuwarten. Umso schöner war es, die innere Konsistenz am Ende zu spüren und sich von ihr leiten zu lassen.
Echtheit ist ein Zulassen (zumindest für mich), ist eine andere Bestätigung. Sich ohne Vorbehalte auch gegen die eigenen Bedenken der Sache hinzugeben, erzeugt Erkenntnisse, die man sich auch selbst niemals vorzustellen gewagt hat.
Ich habe immer nach einer Sicherheit im Auftritt als Künstler gesucht, die mich nicht bequem macht und nicht ein Rezept ist nach einem Schema. Ich meine an dieser Produktion gelernt zu haben, dass es eine solche Sicherheit nicht gibt... und das hat mich sicherer gemacht. Denn ein Sich-Aussetzen lohnt sich offensichtlich immer.

Könntest du dir die Kammer der Andacht *als Hörspiel vorstellen und wenn ja, warum?*

Wir hatten schon so etwas wie eine Hörspielfassung, als wir das Stück in seiner ursprünglichen Fassung im Karmel gelesen haben. Das war sehr bewegend. Deshalb kann ich es mir vorstellen. Ich kann es mir auch vorstellen, weil der Text eine Innerlichkeit hat, die eigentlich dem reinen Hören sehr entgegen kommt. Schon deshalb weil das Original ein Buch ist, kann ich mir vorstellen, dass es das Optische nicht unbedingt braucht. Auch hatten wir am Anfang der intensiven Probenphase auf die Aufführung hin, eine reine, auswendig vorgetragene Sprechfassung, die für alle Beteiligten ein intensives und erhellendes Erlebnis war.
Allerdings waren die beiden Versuche, in denen wir eine Probe einfach mitgeschnitten haben, deprimierend. Das brachte Zweifel an der ganzen Produktion, weil alles künstlich und aufgesetzt und unangenehm salbungsvoll war. Und die Angst, dass es so bei den Aufführungen werden könnte, war deutlich im Raum. Ich glaube, dass es zwei Möglichkeiten einer Hörspielfassung gäbe: Entweder als öffentliche Lesung mit Zuschauern, die mitgeschnitten wird, oder als Studioproduktion mit sehr viel Zeit.

1.3. Die Aufführungen

1. *Orte*

Insgesamt wurde die *Kammer der Andacht* im Zeitraum 2004/5 elf Mal aufgeführt: zehn Mal in Deutsch und einmal in Englisch (*Room of silence*). Hauptspielort (sieben Aufführungen) war die Orangerie,[13] ein kleines Kölner Avantgarde-Theater mit etwa neunzig Sitzplätzen. Vier Gastspiele führten die Produktion in andere Kontexte hinein: im August 2004 ins Karmelitenkloster Springiersbach, im November 2004 ins Institut für Spiritualität Münster und im Jahre 2005 auf zwei kirchliche Großveranstaltungen, im Mai zum Bistumsfest

[13] Theater im Volksgarten, Volksgartenstraße 25, 50677 Köln. Siehe www/theaterszene-koeln.de.

Münster und im August zum Weltjugendtag nach Köln. Das Bistumsfest Münster '1200 Jahre Bistum Münster – Eine Liebesgeschichte' lud die Produktion ins Kleine Haus der städtischen Bühnen Münster ein und der Weltjugendtag 'Wir sind gekommen, um IHN anzubeten' organisierte die Aufführung in der Kirche St. Hildegard in der Au (Köln-Nippes). Die letztgenannte Aufführung war in englischer Sprache.

Schon auf Grund des Hauptspielortes ist deutlich, dass die *Kammer der Andacht* in erster Linie in die freie Theaterszene hineingehört, von wo aus sie vier Ausflüge in den kirchlichen Raum unternehmen konnte. Die freie Theaterszene bot der Regisseurin Gelegenheit, jenseits von Marketing-Überlegungen relativ frei in der Themenwahl und relativ risikobereit in der Präsentation mit ihrem Ensemble einen eigenen Weg zu gehen.

Es gelang im Zeitraum 2004/5 nicht, renommierte Theater für die *Kammer der Andacht* zu interessieren. Wenngleich 'Religion und Glaube' in der Spielzeit 2004/5 Schwerpunktthema im Theater war,[14] scheinen sich die großen Häuser im Umgang mit diesem Thema nur schwer aus den Mustern der Provokation und der Friktion zu lösen. Ob sich die Anliegen von Theater und Spiritualität überhaupt ernsthaft begegnen können, ist eine Frage, die meistens noch gar nicht gestellt wird. 'Spannend wird es ja erst, wenn man (...) Tabus und Nervenpunkte der anderen Seite trifft und sieht, ob man sich gegenseitig auch wirklich etwas zu sagen hat. Das Aushalten der Unterschiede oder das Finden eines wirklich gemeinsamen Punktes – beides ist wichtig',[15] meint Barbara Mundel, Chefdramaturgin der Münchner Kammerspiele und ab 2006 Intendantin des Theaters Freiburg in einem Gespräch mit dem Theaterseelsorger Pater Georg Maria Roers SJ zur Positionsbestimmung von Theater und Religion. Nun hat das MusikTheaterKoeln eben solch einen Nervenpunkt getroffen und behandelt ihn unbeeindruckt der Dogmen und Zwänge, denen große Bühnen ausgesetzt sind.

2. *Resonanz*

Die Aufführungen in der Orangerie (neunzig Plätze) waren durchweg ausverkauft, auch die Aufführung im Institut für Spiritualität Münster war sehr gut besucht (hundertfünfzig Zuschauer). Schwierig war es hingegen auf den kirchlichen Großveranstaltungen, wo sich jeweils nur vierzig Zuschauer einfanden, obwohl die Räumlichkeiten für das Fünffache Platz geboten hätten. Offensichtlich passt die *Kammer der Andacht* in der Spielzeit 2004/5 vor allem in die

---

[14] Siehe das Theatermagazin *Die deutschen Bühne*, 76. Jahrgang (6/2005), das als Schwerpunkt eine Artikelreihe zu Theater und Religion bringt.

[15] Siehe insbesondere: Positionsbestimmungen: Ein Dialog zwischen der Dramaturgin Barbara Mundel und dem Künstlerseelsorger Pater Georg Maria Roers. In: *Die deutschen Bühne*, 76. Jahrgang (6/2005), 18-23, hier 23.

Nische des Avantgarde-Theaters und der neuen Spiritualitätsforschung. Das breite kirchliche Forum wurde zwar betreten, konnte jedoch nicht wirklich erobert werden.

Dieses Ergebnis überrascht insofern nicht, als die *Kammer der Andacht* für viele Menschen – seien sie nun kirchlich oder unkirchlich – zu weit geht.

3. *Variation*

Aus Sicht der Phänomenologie nähert man sich einer Sache an über methodisches Variieren. Man geht von einem Exempel oder einer Exempelreihe aus, 'welche der Erfahrungs- oder Phantasiewelt entnommen werden. Das Exempel wird dann in all seinen möglichen Varianten berücksichtigt'.[16] In unserem Fall war der Ausgangspunkt ein Text aus dem sechzehnten Jahrhundert. Er diente als Exempel und war der Beginnpunkt für Variationen.

Der zweite Schritt war das improvisierende Variieren des Vorbildes in Nachbildern. 'Variierend überschreitet man dann stets die Grenzen der Vorstellung, die man sich gemacht hat. Gleichzeitig gibt es auch immer etwas, das ins entworfene Bild passt. Die Variation im Unterschied und in der Übereinstimmung zu entdecken, darf nicht eingeschränkt werden. Die "Freiheit der Variation" gehört zum "Grundcharakter des Aktus der Ideenschau selbst"'.[17]

Die Freiheit in der Variation wird sowohl vom Akteur als auch vom Zuschauer in Anspruch genommen. In den Aufführungen kommt es nämlich zu einer freien Vervielfältigung der Variationen, und zwar erzeugen die Akteure und Zuschauer hier jeweils beliebige der möglichen Varianten. 'Die Beliebigkeit der Variation ist zentral, weil erst durch sie das Invariante den Charakter der Allgemeingültigkeit gewinnen kann. Es ist uns prinzipiell verwehrt, alle möglichen Varianten wirklich zu erzeugen und zugleich das Bewusstsein dieser Vollkommenheit zu haben. Die Idee der Beliebigkeit impliziert aber die Möglichkeit der Erzeugung einer beliebigen Variante, so dass alle möglichen Varianten prinzipiell in Betracht kommen können'.[18]

Für die Regisseurin bedeutet diese Erkenntnis, dass die eine Variante (Aufführung) als Variante (Aufführung) nicht besser oder schlechter zu sein braucht als eine andere. Jede Aufführung ist eben anders. Es gibt in dieser Art des Arbeitens keine ideale Aufführung, weil keine Variante je mit der *Sache selbst* identisch sein kann. 'In der Freiheit der reinen Phantasie und im reinen Bewusstsein der Beliebigkeit'[19] wird die Variation vollzogen. Dabei ist zu beachten, dass die Phan-

---

16 Paolo Volonté, *Husserls Phänomenologie der Imagination: Zur Funktion der Phantasie bei der Konstitution von Erkenntnis*, Freiburg-München 1997, 277.

17 Waaijman, *Handbuch der Spiritualität*, 248.

18 Volonté, *Husserls Phänomenologie der Imagination*, 277.

19 E. Husserl, *Formale und transzendentale Logik: Versuch einer Kritik der logischen Vernunft.* (Hua XVII). Den Haag 1974, 255.

tasie nur in die Variationen eingreift, nicht aber in die Intuition der *Sache selbst*, die in der Phänomenologie niemals eine willkürliche Fiktion sein kann. Die *Sache selbst* ist vielmehr normierend für alle Einzelfälle und diese können nur dann als Variationen gelten, wenn sie notwendig den Wesensgesetzen der *Sache selbst* entsprechen. So ist jede Aufführung als eine Art Experiment aufzufassen, in der Mitwirkende und Zuschauer sich in immer neuen Variationen der *Sache selbst* annähern.

In einem dritten Schritt wird die Grundstruktur erkannt: 'Wenn man die deckungsgleichen Varianten durchläuft, tritt das Allgemeine als Grundstruktur der Sache (*eidos*) in den Vordergrund. Das Kongruente scheint *selbst* auf (*die Sache selbst*), eine synthetische Einheit, innerhalb derer die Varianten *als* Varianten des Wesentlichen erscheinen'.[20]

1.3.1. Die Zuschauerwahrnehmungen

Einige Wochen nach den Aufführungen habe ich einzelne Zuschauer, deren Email- oder Postadresse uns bekannt war, schriftlich um ihre Sichtweise gebeten.[21] Auf diese Weise erhoffte ich mir einen zumindest bescheidenen Einblick in das Variationsspektrum der Zuschauerwahrnehmungen. Insgesamt bekam ich zwölf Kurzberichte (von fünf Männern und sieben Frauen) zur *Kammer der Andacht*, die ich im Folgenden ganz oder in Fragmenten präsentieren möchte. Thematisch habe ich die Zuschauerwahrnehmungen nach drei zentralen Gegebenheiten geordnet, die immer wieder im Mittelpunkt der Wahrnehmung standen: 1. Raum und Bühnenbild, 2. Seele, Amme und Mystagoge und 3. die Andacht.

1.3.1.1. Raum und Bühnenbild

– Die Aufführung hatte mich in ihren Bann geschlagen. Begeisterung und sprachloses Staunen wechselten sich ab. Das Stück wollte ich unbedingt noch einmal sehen, denn das gebannte Staunen – so schien es mir – überdeckte wichtige Elemente des Stücks. Aber welche? Die Aufführung war mir ein Pool aus drängenden Fragen, die ich nicht formulieren konnte.

Es ist leider nicht dazu gekommen, dass ich das Stück noch einmal sehen konnte. Zwei leicht greifbare Elemente haben mich aber von Anfang an bei der Aufführung begeistert: das karge Bühnenbild, sich kreuzende Holzbalken, auf denen sich die Akteure bewegten, und der Theaterraum, die *Orangerie*, in dem die Aufführung stattgefunden hat. Die Symbolkraft von Kulisse und Raum waren für mich der Schlüssel zum Stück.

---

[20] Waaijman, *Handbuch der Spiritualität*, 248.

[21] Siehe Anhang.

Die durch die Holzbalken vorgezeichneten Wege, auf denen sich Braut, Amme und Erzähler begegnen, wirkten wie schmale Grate. Die Personen begegnen einander auf einer Gratwanderung. Die Amme wendet sich dort der Braut zu, um ihr den Weg zu zeigen, den Gedanken die richtige Richtung zu geben. Von da aus muss die Braut ihren Weg selbst geben. Die Amme begleitet sie allerdings aus dem Hintergrund, um von Fall zu Fall wieder richtungweisend eingreifen zu können. Auf den Graten, herausgehoben aus dem Alltag, finden ganz besondere, nicht alltägliche Begegnungen statt.
Der Theaterraum *Orangerie* lieferte mir den Hinweis darauf, was die Erfahrung in der *Kammer der Andacht* mit meinem Leben zu tun hat. Die *Orangerie* ist ja ursprünglich nicht als Kulisse für Theateraufführungen konzipiert, sondern diente ursprünglich als Winterquartier für bestimmte exotische Pflanzen, die man im Sommer im Volksgarten bestaunen konnte. Die *Orangerie* ist also ein profaner Raum.
Dieser für die Belange des Alltags konzipierte Raum beherbergt nun die schmalen Wege spiritueller Begegnung. Das Geschehen, die besonderen Begegnungen und die ins Werk gesetzten Entwicklungen in der *Kammer der Andacht* finden nicht außerhalb der Welt statt, sondern knüpfen unmittelbar an die Lebenswirklichkeit des je einzelnen an, kommen aus der Mitte der Lebenswirklichkeit.
Es ist in der Inszenierung gelungen, den Raum *Orangerie* mit Gedanken des Stücks zu durchdringen und zu füllen. Ich nehme das als Bild dafür, dass die Erfahrungen in der *Kammer der Andacht* den Alltag desjenigen, dem sie begegnen, in je besonderer Weise durchdringen und erfüllen. Begegnung mit spiritueller Wirklichkeit verändert unseren Alltag, verändert unseren Lebensraum. Spirituelle Erfahrungen zielen damit mitten ins Leben.

- Mich empfing mit der *Orangerie* ein Raum, der einst Pflanzen Schutz bot, der dem Menschen Spiel-Raum bietet, Raum für Improvisation, Spontaneität, ja Leben miteinander, denn es gibt nirgends trennende Wände.
Die schweren, großen Holzbalken in loser Kreuzform auf die Spielfläche gelegt wirkten auf mich sogleich anregend: Kreuz und Seelenleben gehören zusammen – auf dieser Erde!

– Bevor ein Schauspieler / Sänger auf die Bühne kam, wurden in die Kreuzbalkenzwischenräume Musikinstrumente gelegt – behutsam und mit Bedacht. Nichts ist fertig, alles entwickelt sich, wächst, entsteht, gedeiht. Wir Zuschauer werden eingeweiht in diesen Lebensfluss, können daran teilnehmen. Welch eine Achtungshaltung spricht sich da aus!

1.3.1.2. Seele, Amme und Mystagoge

– Ja, die *Kammer der Andacht* hat mich bewegt und beschäftigt mich weiter. Die Bilder und Erinnerungen der Aufführung sind noch dicht und lebendig in mir.
Das Beben der Seele, körperlich noch vor dem ersten Ton in seiner sich hebenden und senkenden Brust, seine klare, starke und doch so verletzliche Stimme, seine kindliche Lebendigkeit in seiner Bewegung, dem Auflodern, Sich-Verlieren und schließlich Verstummen machten mir diesen Menschen, diese Seele, sehr lieb.

Auch der Mystagoge in seinem merkurhaften Springen, Belauschen, Probieren, Nachahmen und Mitfühlen, schließlich dem In-Worte-Bringen und Ordnen sprach zu mir und erfreute meinen Verstand.
Die Rolle aber, die mich am meisten angriff und noch immer beschäftigt, war die der Amme. Zuerst mochte ich ihn gar nicht, den saturnischen, schwarzgewandeten, hageren Mann; sein Gesicht erschien mir ablehnend; fast ironisch klangen seine Worte zu der Seele, als würde er selbst die ganze Sache lächerlich finden. Bitter und ungläubig wirkte er auf mich, wie jemand, der sich gezwungen fühlt, eine Hilfeleistung gegen seinen Willen und gegen seine Überzeugung zu leisten. Das Waldhorn machte ihn nicht fröhlicher, ein gestopfter Trichter voller tiefer Töne ohne Wärme.
Erst mit dem Fortschreiten der Aufführung bemerkte ich meine eigene Projektion: die Amme als Arzt, der die Heilung des Anderen erwirken will, selbst aber unheil und ausgeschlossen bleibt – sogar bleiben muss, weil er ja sonst die Ammentätigkeit nicht mehr erfüllen, die Brücke zwischen unerlöst und erlöst nicht mehr bilden könnte, vielleicht nicht mehr bilden wollte.
Nach dieser Einsicht konnte ich die Amme anders betrachten, und sie schien mir im Laufe der Aufführung immer offener, weicher und heiterer zu werden. Beim Schlussapplaus war ihr Gesicht ganz gelöst.
So hat die *Kammer der Andacht* alte sehr persönliche Fragen wieder aufgeworfen: Ein Helfer und Nährer für andere zu sein und selbst ausgeschlossen und ungestillt zu bleiben – und doch vielleicht gerade in dieser Ammenrolle einen eigenen Weg der Erlösung und Heilung finden zu müssen.

– Ich sehe als erstes die Seele vor mir, die so treffend von Lorenz Heimbrecht verkörpert und zu Gehör gebracht wurde. Mit dieser Seele fühle ich mich zutiefst verbunden. So entspringt meine Erinnerung an sie dem Mit-ihr-Leben während der Vorstellung, das nach Weiter-Leben verlangte, weshalb ich wohl auch alle (bisherigen) Vorstellungen besuchen wollte, weil ja auch die Mitwirkenden, die sich diesem Thema *Kammer der Andacht* einmal geöffnet hatten, zum Wachsen berufen sind.
Ich bebte mit bei der Vorstellung. Mit dem ersten zaghaft-vorsichtigen Eröffnungston, den der Mystagoge der Geige ent-spürte, war ich inmitten des Geschehens.
Die Liebe und Hingabe der Schauspieler und aller Mitwirkenden hat mich zutiefst berührt. Sie haben sich darauf eingelassen, etwas darzustellen, was nur im Schauen, im inneren Sehen, erlebbar ist, und nur im Aufeinander-Achten, im Miteinander, im wechselseitigen Reagieren, im Hinlauschen und Hinschauen, also im Lieben sichtbar und manchmal hörbar, erahnbar werden kann.
Ich war in allen bisherigen sieben Vorstellungen und erlebte mich jedes Mal mittendrin mit roten Wangen und offenem Mund; der Wechsel von Sprache zu Gesang und instrumentaler Sprache verschaffte mir jeweils Entspannung. Erst bei der letzten Vorstellung am 15. November nahm ich etwas Abstand – zur Seele.

– Beeindruckend fand ich das Spiel auf den Holzbalken. Die Gabe der Spieler so diesen Text zu bringen. Die ganze Atmosphäre war stimmig. Für mich waren die Worte nicht so fremd, vielleicht weil ich mich in den letzten Jahren des öfteren mit ähnlichen Texten in meiner Weiterbildung in der geistlichen Begleitung beschäftigte. Für mich war auch etwas anderes wichtig. Die Amme zu beobachten, dieses behutsame

Umgehen mit der Seele, die Seele nicht aus dem Blick zu verlieren, sie aber auch allein lassen zu können und sie nachher in den Arm zu nehmen. Hier fand ich etwas. Ja, so möchte auch ich in meiner Begleitung sein.

– Schon als ich die ersten Textzeilen aus dem Programm und den Vorankündigungen las, wusste ich, dass ich bereits die Rolle der Seele eingenommen hatte. Argwöhnisch beobachtete ich daher, ob die Seele denn auch wohl so lieben würde, wie ich es glaubte zu können. Mit großem Herzklopfen verfolgte ich, wie sie sich tatsächlich so entwickelte, wie ich es erhofft hatte. Die liebevollen, heiteren Anweisungen der Amme und die Erklärungen des Mystagogen nahmen mir nach und nach die Ängste, dass ich mich auf einem Terrain befinden würde, dass nicht mehr real und passend sei.

– Es war spannend zu erleben, wie sich die Seele im Laufe des Abends aus ihrer anfänglichen Aufgeregtheit immer mehr in sich selber und in Gott zurückzog.
Das ging sowohl aus immer spärlicher werdender Rede als auch aus der zum Schluss fast gänzlich ausbleibenden Gestik der Seele hervor.
Mehr und mehr übernahm dann der Mystagoge die Darstellung der Befindlichkeit der Seele, was ja auch einleuchtend war, da die Seele nun immer mehr dem Äußeren entrückt war. Ich fand den Einsatz der zum Teil sehr ungewöhnlichen Musik sehr gelungen. Ich weiß nicht, ob es beabsichtigt war oder ob nur ich es so empfunden habe, aber ich finde, sie sorgte manchmal dafür, dass einige Stellen nicht ins Triviale oder Peinliche abglitten.
Aufgefallen ist mir auch die Sprache der Amme. Sie hat sehr liebevoll, ich möchte sagen zum Teil ausgesprochen mütterlich, aber doch auch öfter mit einer winzigen Spur von Ironie gesprochen. Das habe ich als sehr schön empfunden. Sollte doch die Seele bei all ihrer Sehnsucht nicht die Heiterkeit der Liebe vergessen.

– Was mir einfällt: Zärtlichkeit, Behutsamkeit, mit der alle Spieler dieses Stück rüberbrachten – besonders die Amme. Die Einfachheit der Mittel – das Kreuz, das immer gegenwärtig war. Ich glaube letztlich ist mir das besonders aufgefallen, was mir selber oft fehlt: Zärtlichkeit, Behutsamkeit.
Aufgefallen ist mir auch das Improvisieren mit den Instrumenten – das war manchmal spannend – man konnte spüren wie die drei Spieler sich zueinander tasteten. Die Körpersprache war auch sehr deutlich – berührt hat mich sehr tief als der Mystagoge seine Hände auf die Füße der Seele legte. Auch als die Amme davon sprach, dass der Bräutigam sich nicht wegen unserer Tugenden auf die Erde begab, sondern: 'Deine Sünden und seine Liebe zogen ihn'.

– Die Akteure erlebten das Geschehen von innen. Sie strahlten großen Elan und Überzeugung aus. Es war sehr interessant zu sehen, wie es aus situativen Emotionen heraus zu spontanen, aber treffenden Improvisationen kam. Die Aufführung war entspannend und aufregend zugleich, ausgeglichen, aber doch wuchtig.
Ich spürte eine Zerbrechlichkeit, die nicht als Schwachheit definiert werden kann. Es war ein zarter, aber überzeugter Vortrag der Sehnsucht, der sich in tiefen und vor allem unbefangenen, ehrlichen Glauben verwandelte. Ich fragte mich, ob man diesen Liebesrausch zu Gott irgendwann erreichen könnte?

1.3.1.3. Andacht

– Es war für mich im ursprünglichen Sinne eine Aufführung. Ich fühlte mich geführt und aufgenommen und auch mit hinauf genommen auf einem Weg in die Einheit mit Gott – ein Hochzeitsfest mit dem Geliebten Jesus Christus, wie es im Stück heißt.
Auch wenn mir das Vokabular dieser Reise manchmal nicht so geläufig war, wurde ich wie in einer Meditation an einen Ort in mir geführt, an dem ich verweilen durfte, von dem aus ich die Worte des Textes und die Klänge der Musik, als eine vertiefende Reise, eine meditative Innenschau und ein Geschenk der Kontemplation empfangen konnte. "Am Ende saß ich an einer anderen Stelle wie am Anfang" sagte ein Freund zu mir nach der Aufführung. Die Stufen der Einswerdung, dieser spirituellen Hochzeit eröffneten sich mir jenseits von konfessioneller Zugehörigkeit in der Religiosität des Werkes. An ein paar Stellen hatte ich eine Sehnsucht nach mehr Harmonie in der Musik oder nach dem Gefühl hier ist eine Melodie, zu der ich wiederkehre. Vielleicht auch die Sehnsucht nach einem Verweilen in der Süße der Berührung. Das Ende des Stücks kam ganz schnell und kurz und ich fühlte mich erinnert an den Wunsch, früher bei einer Schallplatte die Nadel gleich wieder zurücksetzen zu wollen, an diese eine schöne Stelle, die in dem Lied nur ein einziges Mal vorkommt und die ich immer wieder hören wollte. Diese Stelle auf der Schallplatte war von kurzer Weile und auf gleiche Weise hatte ich nach dem Ende des Stückes den Wunsch, es gleich noch einmal zu erleben. Für mich war es ein großes Vergnügen auf der Bühne eines Theaters etwas zu erleben, was ich sonst nur aus anderen Zusammenhängen, aus der Meditation oder aus der Kirche, kenne. Eine große Freude, dass es für mich trotzdem ein Theaterabend geblieben ist; das Theater auch so aufbauend und bereichernd geht, was ich sonst eher in der Musik oder bildenden Kunst erfahren habe.
(...) Ich möchte gerne wieder an dieser spirituellen Praxis teilnehmen. So wie manche jeden Morgen meditieren oder in die Messe gehen oder hinunter ans Meer um ein Blumenopfer darzubringen, so ins Theater gehen – immer wieder am liebsten.

– Diese Aufführung sah ich mir zweimal an, am 20. und 22. August 2004, jeweils in der *Orangerie*, Theater am Volksgarten. Schon dieser Raum und die damit ermöglichte Bühnengestaltung sprachen mich sehr an, die Spuren des Verfalls im Raum – ein Gleichnis der Vergänglichkeit. Das riesige Holzkreuz, liegend im Bühnenraum, das die Fläche für die Aktionen der drei Spieler bot: die Seele, die Amme, der Mystagoge. Ein Spiel, das den Weg zu Gott als Erfahrung des Kreuzweges offenbar macht. – Dann die Improvisationsmusik, die Zuordnung der Instrumente: Geige zum Mystagogen, Waldhorn zur Amme, Klarinette zur Seele. – Durch die Improvisationsmusik, die Gesten, die Sprache fanden die Gedanken aus dem Dialogus II des Franciscus Amelry zu meinem Herzen. Beim ersten Sehen des Stückes hatte ich gleichwohl zunächst meine Schwierigkeiten. Ich fragte mich, ob diese Texte nicht zu begrenzt auf eine rein persönliche Erfahrung seien. Doch schwanden die anfänglichen Bedenken mit dem Fortgang des Spiels, das mich schließlich ganz in seinen Bann zog. Beim zweiten Sehen war ich vom ersten Augenblick an von Darstellung und Inhalt des Stückes tief berührt. Es ist ein kostbarer Abend; denn es wird deutlich, dass kein Mensch ohne Liebe leben kann, dass Gottesliebe den Menschen an sich zieht durch alle Dunkelheit, die die Seele, der Mensch durchwandert. Die Hindernisse auf diesem Weg waren deutlich, auch das Verflochtensein, die Ängste, die überwunden werden müssen, bis das Ziel erreicht wird. Dass die Amme nicht unwichtig für die Seele ist, wird ebenso deutlich wie die Grenzen, die ihrem Wirken gesetzt sind.

– Ich weiß, dass ich nach dem Spiel nicht bleiben konnte, sondern sehr schnell die Stille suchte. Die Stille, um in mich hineinzuhorchen. Tief in mir fühlte ich mich angesprochen. Hatte ich ähnliche Gotteserfahrungen machen dürfen wie die Seele? Ja, dieses Chaos in mir, das Suchen und Finden und das Glück eine gute Begleiterin (Amme) zu haben. Es war eine Erfahrung in meinen Exerzitien und liegt einige Jahre zurück und doch ist es mir noch sehr bewusst. So wurde ich in das Mysterienspiel sehr dicht hinein genommen.

– Würde mir und wann würde mir die gleiche Gnade geschenkt werden? Würde ich die Sehnsucht auf Dauer ertragen können? Würde ich Hilfe bekommen, wenn ich quasi auf der Strecke bliebe? Und von wem? Aber gleichzeitig begann auch schon so etwas wie Ruhe und innere Sicherheit einzukehren. Ängste und unnötige Bedenken schwanden.
Was jetzt vier Wochen nach der Aufführung für mich bleibt ist dies: Die *Kammer der Andacht* ist für mich so etwas wie ein Leitfaden oder mehr noch ein Führungsseil geworden. Die Texte geben mir immer wieder Orientierung und Hilfestellung auf meinem geistlichen Weg.

– Die Fragen, die mich auch jetzt noch begleiten sind u.a.: Kann ich eigentlich Gottes Liebe einfach annehmen und mich dadurch entflammen lassen? Bin auch ich nicht oft vom Leistungsdruck infiziert? Anstatt hineinzuspringen in seine unergründliche Liebe... Warum, was hält mich davon eigentlich ab? Immer wieder kommt mir auch das Gesicht der Amme in den Sinn – mir fällt es oft schwer, behutsam mit mir umzugehen! Warum eigentlich? Die Amme lässt die Seele auch immer wieder zurück mit ihrem Bräutigam: eine Einladung in allem mit Ihm ins Gespräch zu kommen.

– Der Abend war für mich sehr unterhaltsam und geistreich. Ich bin einen Schritt weiter in die Tiefe meiner Seelenerkenntnis gelangt. Ich hatte ein auf den ersten Blick unerklärliches Glücksgefühl und fühlte Zufriedenheit. Sogar Freude. Später konnte ich es besser verstehen: Das Stück war ein Weg zur Seele, bei dem viele, auch ich, eigene Sehnsüchte und Fragen erkennen konnten. Die Sprache des literarischen Werkes war für mich einerseits sehr spirituell, andererseits auch sehr klar. Das Stück hat ein kompaktes Konzept, wodurch die große, wichtige Frage des Lebens sich offenbarte: Gibt es Gott, liebt er mich, liegt ihm an meiner Liebe, wie finde ich zu ihm? Die Liebe – es ist das, was unser Leben erfüllen sollte. Wir müssen lieben lernen. Aber gleichzeitig, müssen wir fest daran glauben, dass wir schon geliebt sind. Nur dann können wir Ihn erkennen.

– Ehrlich gesagt war ich sehr gespannt darauf, ob mich das Stück berühren könne und würde. Einerseits fand ich das Thema ungewöhnlich und spannend, andererseits hatte ich Zweifel, ob man heutigen Menschen die Vorstellungen eines Mystikers nahe bringen könne.

Die Inszenierung hat allerdings bald eine erstaunliche Wirkung entfaltet; kaum hatte das Spiel begonnen, war es, als fiele alles Überflüssige und Ablenkende von mir ab und es setzte eine völlige Konzentration auf das Geschehen auf der Bühne (oder besser im Raum) ein, die sich mit dem Fortgang der Aufführung steigerte. Dies ist sicher zum einen der leicht morbiden, allem heute Alltäglichen ein wenig entrückten Atmosphäre des Spielorts geschuldet, mehr noch aber der vollkommen auf das Wesentliche konzentrierten Inszenierung.
Mir scheint im Nachhinein, dass es den anderen Zuschauern ähnlich erging wie mir. Selten habe ich ein so gebannt konzentriertes Theaterpublikum erlebt.
Über die Dauer der Aufführung hin ist es Ursula Albrecht und ihren Schauspielern gelungen, uns aus unserem Alltag hinaus gleiten zu lassen, um uns auf uns selbst hin bewegen zu können.
Dieses 'auf dem Weg zu sich selbst sein' ist für mich gleichbedeutend mit 'auf dem Weg zu Gott zu sein'.
Welch eine Beziehung zu Gott wird in dieser *Kammer der Andacht* erarbeitet! Sie unterscheidet sich von dem, was ich als persönliche Gottesbeziehung begreife.
Eine mystische Vereinigung, eine Hochzeit mit Gott wird herbeigeführt.
Dies anzuschauen und anzuhören hat mich zunächst befremdet, vor allem die letzte Stufe der Annäherung an Gott scheint mir so intim zu sein, dass sie sich eigentlich dem Voyeurismus des Theaters zu entziehen scheinen möchte.
Dann auf einmal hat sich mein Blick auf die Dinge verändert: Die ungeheure Kraft der Glaubensanstrengung, die unverhohlene Gewissheit, sich mit Gott direkt und unvermittelt vereinen zu können, erschien mit aufrührerisch. Das Stück rührt auf, rührt die unsichere, zögerliche, bequeme, müde oder verzagte Seele auf, sich in die *Kammer der Andacht* zu begeben.

– Die seelische Zuwendung der Liebe eines Menschen zu Christus als Bräutigam hatte mich anfangs sehr irritiert. Es ist ein so befremdendes Bild in unserer Zeit. Aber die Darstellung des Stückes durch drei Männer war für dieses Bild und seine Umsetzung sehr förderlich und tat mir gut, erleichterte den Zugang. Plötzlich war der Text zeitgemäß, ja sogar einem Bedürfnis entsprechend und stellte die richtigen Fragen, die ich gerne mit nach Hause getragen habe.
Zwar sind die philosophischen, begründenden Ansätze wie der Bezug zur Schöpfung als Beweisführung wissenschaftlich überholt. Aber kommt es denn darauf an? Ist es nicht viel entscheidender, das eigene Herz zu hören, in seiner Rührung vor den Schönheiten der Schöpfung, seiner Fähigkeit, hier Göttliches trotz aller Gegenwart/Aufgeklärtheit zu spüren?
Sehnsüchte werden angesprochen, die unserer Zeit gemäß sind. Diese Fragen wollen neu gesellt werden, aber nicht wissenschaftlich, sondern seelisch beantwortet werden. Die Vorstellung des Stückes spiegelt daher in meinen Augen Bedürfnisse, Lösungen, Wege, wie ich sie noch jetzt, nach 3 Monaten, als zutreffend, als positive Nachricht empfinde, fühle.
Ich bin insoweit sehr froh, das Stück gesehen zu haben. Es ist ein Geschenk und ich glaube, es sollte oft gespielt werden. Denn die Suche nach einem gangbaren Weg zu Gott zu eröffnen, in einer Zeit, wo alle Mission verpönt ist, aber viele seelische Not

empfinden, ist eine mögliche Antwort, Quelle.
Vielleicht wird in der Auseinandersetzung etwas ausgelöst.
Sicher ist es für manchen befremdlich, mystische Wege und Ansinnen im Theater zu publizieren. Schon diese letzten Worte prallen ja aufeinander. Mystik und Theater-Publikation. Aber solch eine Provokation weckt, regt an.

– Ich habe die *Kammer der Andacht* mehrfach gesehen und jedes Mal fiel mir ein anderer Satz auf und blieb mir im Gedächtnis. Meistens war das ein Bibelzitat, das auf einmal im neuen Licht vor mir stand. Ich verweilte dann bei diesem Satz und trug ihn mit nach Hause. Mir erschloss sich dann eine neue Bedeutung dieses Satzes. Für mich blieb das Stück somit spannend. Ich spürte, dass es immer wieder etwas zu entdecken gab.

– Die nachhaltigste Wirkung, die das Stück auf mich ausübte und ausübt, ist wohl Dankbarkeit, Menschen begegnet sein zu dürfen, die dieses intensive Seelenleben kennen, kennen lernen und erahnen lernen. Das Wesentliche mit anderen teilen zu dürfen, ist ein großes Geschenk.

1.3.2. Die Kritiken

In der Presse wurden drei Kritiken veröffentlicht: zwei anlässlich der Premiere in Köln, eine anlässlich der Vorstellung am Institut für Spiritualität in Münster.

Interessant war für uns die Frage, ob die Kritiken in der Tagespresse den phänomenologischen Ansatz der Produktion verstehen und nachvollziehen würden.

1.3.2.1. Brigitte Schmitz-Kunkel: *Vom Mut, nach Gott zu suchen.* 24. August 2004, Kölner Rundschau.

Vom Mut, nach Gott zu suchen
'Die Kammer der Andacht': Ensemble Musiktheater Köln zeigt Mystisches

Natürlich ist das kein Stoff, der frohe Massen ins Theater lockt: Wenn das Musiktheater Köln zur 'Kammer der Andacht' in die Orangerie lädt, kann man ahnen, dass es kontemplativ zugehen wird. 'Ein Gespräch zwischen der Seele und ihrer Amme, welche die Seele zur Erkenntnis ihres Bräutigams hinzieht', das ist der Untertitel des Abends, der auf den 'Dialogen' des flämischen Karmelitermönchs und Mystikers Franciscus Amelry basiert.
Wenig scheint uns heute ferner als jene Gedankenwelt der Mystiker aus der Mitte des 16. Jahrhunderts; die Verzückungen der Therese von Avila wirken auf uns ebenso befremdlich wie der doppelgründige Liebesgesang ihres Mitstreiters Johannes vom Kreuz, der das Bild der Seele als Braut Gottes wie Amelry verwandte. Lässt man sich aber, geleitet von der konzentrierten Inszenierung des Musiktheaters Köln, auf die 'Geschichte' ein, verblüfft sie durch ihre Zeitlosigkeit: Schließlich sucht hier ein Mensch mit allem, was dazugehört, nach Gott – und er findet ihn.
Ein schmerzhafter Prozess zuweilen, auch aufregend und beglückend für den Suchenden, der zu wenig Geduld und zu viele Zweifel hat. Fast erfordert es mehr Mut, zu

glauben als es bleiben zu lassen – dies alles geht dem heutigen Gottsucher kaum anders. Sieben Tage bleibt die 'Seele' (Lorenz Heimbrecht) in der 'Kammer der Andacht'. Im Dialog mit der 'Amme' (Joerg Braeuker), ihrer geistlichen Begleiterin, kommt die Seele dort jeden Tag einen (Erkenntnis-)schritt näher zu Gott. das Auf und Ab ihrer Gefühlslage kommentiert ein 'Mystagoge' (Frank Albrecht) für die Zuschauer.
Mit wohl dosierten Mitteln übersetzt das Ensemble, das sich seit Jahren mit Religion befasst, unter Regie von Ursula Albrecht den spätmittelalterlichen Text in moderne Bilder und Klänge. Die weiß gekleidete Seele und ihre neutral-dunklen Gefährten bewegen sich auf einem großen, auf dem Boden liegenden Kreuz. Kongenial wechselt Albrecht, die u.a. an der Musikhochschule szenische Improvisation lehrt, je nach Lage der Seele zwischen Gesprochenem und Gesang, zwischen Wort und Geige, Waldhorn, Klarinette. Ebenso sparsam wie effektvoll auch jederzeit die Gesten der drei Akteure: Ein verblüffendes, geglücktes Experiment.

Schmitz-Kunkel geht aus von der Fremdheit des Textes. Sie weist auf die Tatsache hin, dass hier eine fremdartige, vielleicht sogar befremdliche Geschichte erzählt wird. Es handelt sich um Erfahrungen und Gedankenwelten, zu denen Distanz spürbar ist. Die Frage lautet dann: Wie lerne ich das Fremde nun kennen, da ich auf mich selbst zurückgeworfen bin? Wie kommt die fremde Geschichte in mich hinein? Im Zulassen der Fremdheit und der Distanz zur Sache, die betrachtet wird, löst Schmitz-Kunkel sich von allem, was auf unkritische Weise in ihr Bewusstsein kommt (vgl. die *epochè* in der Phänomenologie).

In einem zweiten Schritt lässt Schmitz-Kunkel sich auf diese Geschichte ein. Sich-Einlassen meint hier dasselbe, was in der Phänomenologie mit 'Einfühlung' bezeichnet wird: etwas durch Assoziation und Analogie verstehen. Husserl sagt, 'dass der Weg, über den ich den anderen kennen lerne, meine eigene Leiblichkeit ist. Ich nehme "dort" einen beseelten Leib wahr, den ich durch Assoziation und Analogie wie meinen eigenen Leib "hier" verstehe. Dazu ist es notwendig, dass ich meinen Leib nicht nur erfahren habe als Ort, an dem ich lebe (Leib), sondern auch als Ding-in-der-Welt (Körper). Denn nur wenn ich meinen Leib auch als Ding-in-der-Welt verstehen gelernt habe, kann ich (durch Analogie) das Körper-Ding "dort" als Ort verstehen, an dem der andere lebt – so wie ich'.[22] Das ist 'eine Paarung, eine Deckung auf Distanz'.[23] 'Der andere ist mir im Modus des "als ob" gegenwärtig: Ich bin beim andern als ob ich es selbst bin, der dort ist. Wenn diese "Paarung" vollzogen ist, entfaltet sich die wesentliche Anerkennung inhaltlich entlang den Gebärden, mit denen der andere sich ausdrückt'.[24]

[22] Waaijman, *Handbuch der Spiritualität*, 251.
[23] Husserl, Hua XIV, 1973, 531.
[24] Waaijman, *Handbuch der Spiritualität*, 251.

Die Einfühlung stellt also den Kontakt mit dem Fremden her durch 'etwas, das sich durch das Medium Körpererscheinung vollzieht'.[25]

Verblüfft entdeckt Schmitz-Kunkel durch das 'einfühlende' Zuschauen nun das Allgemeine und Zeitlose in der Geschichte: Sie entdeckt die Grunderfahrung der Andacht als eine offene Unendlichkeit, als eine reine Möglichkeit. Darum bezeichnet sie das Experiment der *Kammer der Andacht* als geglückt.

1.3.2.2. Marianne Kierspel: *Askese statt Sinnenlust.* 24. August 2004, Kölner Stadt-Anzeiger.

Askese statt Sinnenlust
Die 'Kammer der Andacht' in der Orangerie, geboten vom 'musiktheaterköln'.

Der flämische Mystiker Franciscus Amelry (um 1550), dem die freie Gruppe 'musiktheaterköln' auf der Spur ist, war Karmelit. Auch Ursula Albrecht (Regie) und Elisabeth Hense (Dramaturgie), die viel über Spiritualität schreibt und jetzt Amelrys 'Dialogus II' auf Deutsch herausgebracht hat, gehören dem Karmel an. Außerdem begleiten Theologen die Produktion 'Die Kammer der Andacht', die jetzt in der Orangerie Premiere hatte. Die Gruppe erprobt gern, wie man mystische Texte musikalisch-szenisch ausloten könnte.

Lesetext als Mysterienspiel

Amelrys Dialog ist nun weder ein Drama noch ein Libretto, wie es irreführend heißt. Auch nutzt der Karmelit die Dialogform nicht für ein Streitgespräch. Vielmehr sind eine personifizierte Seele und ihre Amme einig: Die Seele (Lorenz Heimbrecht, Klarinette) sucht dauerhafte Liebe, ihre Begleiterin (Joerg Braeuker, Waldhorn) verweist sie auf Gott, den 'Bräutigam'. Die Gruppe hat den Lesetext in ein Mysterienspiel verwandelt. Da tritt ein Mystagoge (Frank Albrecht, Violine) hinzu, der die Schritte der Gottsuche erklärt. Die Orangerie, ein Arbeitsraum, ist leer. Die Darsteller sprechen leise, sie schreiten barfuß über rohe Balken in Kreuzform, die ihr Spielfeld determinieren. Das streng stilisierte Spiel hat, im Bild der Schöpfung, sieben Stationen: Sechs Tage müht sich die Seele, am siebten Tag ruht sie aus in Gott.

Die Instrumente dienen meist als Requisiten. Nur manchmal spielt das Trio ein wenig, zunächst mit viel Dissonanz. Mal unterlegen sie Bibelzitate mit gehaltenen Einzeltönen, mal hört man modale Wendungen. Am siebten Tag der Erfüllung bewegt sich die Musik zur Gregorianik hin. Die Musiktupfer sollen improvisiert werden und die 'persönliche Vertiefung der Mitwirkenden' stets neu zeigen. Dafür hat der Jazzmusiker Reiner Witzel Modelle entwickelt, die sich allerdings bei der Premiere nur blass herausschälten.

Glauben statt Diskurs

Dass die Darsteller nicht nur als Künstler gefordert sind, sondern auch als Meditierende, ist wohl die größte Hypothek des Experiments. Es gleicht einer Andacht. Es verlangt auch vom Zuschauer mehr, als es bietet, Askese statt Sinnenlust, Glauben

[25] Husserl, Hua IV, 1952, 240.

statt Diskurs. Für Ungläubige bleibt immerhin die Begegnung mit einem Karmel-Dokument von etwa 1550.

Marianne Kierspel achtet stark auf die Verortung des Stückes im kirchlich-theologischen Raum. Diese Verortung fasst sie massiver auf, als sie tatsächlich ist, indem sie fälschlich davon ausgeht, dass die Produktion von Theologen begleitet wird.

Dann rückt sie auf der Paratext-Ebene einige Dinge zurecht, die jedoch gar nicht zurechtgerückt werden müssten: Sie betont, dass Amelrys Dialog kein Drama ist und kein Libretto. Nirgends in der Ankündigung oder im Programmheft wird dies behauptet; was allerdings behauptet wird, nämlich dass für die Produktion auf der Grundlage des Dialogus II von Amelry das Libretto erarbeitet wurde, nimmt Frau Kierspel nicht zur Kenntnis.

Nicht nur die *Kammer der Andacht*, sondern auch andere postmoderne Theaterstücke fragen ganz unabhängig von einer Verortung im kirchlich-theologischen Raum nach der Transzendenz: 'What is the presence of the transcendent and how can it be expressed through works of art? The question is epistemological in the sense that it is an exploration into what can be known of the unknown and how can the dramatist serve as a guide in that quest?'[26] Es scheint, dass Frau Kierspel diese Entwicklung kaum mitbekommen hat.

1.3.2.3. Lukas Speckmann: *Die Seele spielt Klarinette.* 17. November 2004, Westfälische Nachrichten Münster.

> *Die Seele spielt Klarinette*
> 'Musiktheater Köln' inszeniert den karmelitischen Dialog 'Kammer der Andacht'
>
> Die drei Darsteller dürfen nicht straucheln. Eine Stunde lang bewegen sie sich barfuß auf einem großen Holzkreuz, sprechen, singen und musizieren sehr bedächtig. Und tragen dabei einen Text vor, der selbst ausgefuchste Rezitatoren ins Schleudern brächte: einen Dialog des flämischen Karmeliten Franciscus Amelry aus dem 16. Jahrhundert, von Elisabeth Hense für die Bühne eingerichtet. Eine sehr musikalische, dichte innere Sprache, die jeden Zuhörer zu äußerster Konzentration zwingt.
> Das Holzkreuz, aus massiven Balken locker zusammengefügt, liegt auf dem Boden des Exerzitiensaales im Mutterhaus der Franziskanerinnen. Rings um das Kreuz sind die Stuhlreihen dicht besetzt, vorwiegend von Ordensschwestern, die Atmosphäre im Raum ist schon eine Viertelstunde vor Beginn mehr als andächtig. Doch es sind auch etliche Musikfreunde im Saal, die auch gespannt sind, wie das 'Musiktheater Köln' einen 450 Jahre alten mystischen Text in zeitgenössische Theatersprache überträgt.
> Die Antwort: hochprofessionell. Das Ensemble um die Regisseurin Ursula Albrecht, das auf Einladung des Instituts für Spiritualität an der Philosophisch-Theologischen Hochschule in Münster spielte, nimmt sich sehr zurück und vertraut auf die Kraft

[26] Friesen, 'Transcendence in modern and postmodern plays', 37.

der Improvisation. Den drei Darstellern wird jeweils eine Rolle, eine Kleidungsfarbe und ein Musikinstrument zugeordnet, und wie sie damit umgehen, bleibt weitgehend ihrer Einfühlung überlassen.
Es geht um die Seele (Lorenz Heimbrecht, weiß, Klarinette), die sich mit ihrer vertrauten Amme (Joerg Braeuker, schwarz, Horn) über Gott unterhält – als Braut, die ihren Bräutigam erkennen möchte. Eine Stunde lang gewinnt die Seele aus diesem Dialog immer mehr Erkenntnis, bis sich erst die Amme, dann die Seele selbst aus dem Text zurückziehen und den Vortrag ganz dem kommentierenden Mystagogus (Frank Albrecht, braun, Geige) überlassen.
Sobald etwas unsagbar wird, beginnen die Instrumente aus dem Stegreif zu spielen, sehr zart und innerlich. Besonders wichtige Stellen werden volltönend gesungen, am Ende fast jeden Abschnitts vereinigen sich die drei Bass-Stimmen zu einem frei improvisierten Miteinander. Der Musiker Reiner Witzel hat vorab aufgepasst, dass es nicht ganz so wüst hergeht.
Nach einer Stunde hat sich die Seele gewandelt, und die 'Kammer der Andacht' verklingt in der Dunkelheit. Das ist stark, das ist ergreifend – und das zuvor so andächtige Publikum applaudiert stehend.

Lukas Speckmann beginnt mit dem, was er auf der Bühne sieht: mit den Darstellern, die sich bewegen, die sprechen, singen und musizieren. Das spontane einfühlende Zuschauen ist also sein Ausgangspunkt. Er nimmt den Raum wahr, zunächst den Bühnenraum, dann den Zuschauerraum. Die Akzente seiner Wahrnehmung verraten sein Wahrnehmungsinteresse: Straucheln die Künstler auf dem Holzkreuz, kommen sie beim Rezitieren ins Schleudern? Sein erstes Urteil zum Geschehen – 'hochprofessionell' – kommt plötzlich und hülsenhaft. Hat er Amateure erwartet? Speckmanns Wahrnehmung ist dann bis zum Schluss mit dem technischen Können der Darsteller beschäftigt. Dabei offenbart sich übrigens nebenbei seine Naivität bezüglich der Improvisation im Theater.

1.3.3. Nachgespräche

Nach den Vorstellungen kam es häufig zu Gesprächen zwischen den Zuschauern und den Mitwirkenden. Die Zuschauer wollten etwas von ihren Eindrükken mitteilen oder hatten bestimmte Fragen an die Mitwirkenden. Dreimal wurde im Anschluss an eine Vorstellung eine Podiumsdiskussion angeboten: im Institut für Spiritualität Münster, im Karmelkloster Springiersbach und in St. Hildegard in der Au in Köln. Für manche Zuschauer war das Nachgespräch beinahe wichtiger als die Vorführung. Die Themen, die hier angesprochen wurden, hatten mit der Herkunft des Textes zu tun, mit der Arbeitsweise der Regisseurin, dem Entwicklungsprozess des Stückes, der Auswirkung des Stückes auf die Mitwirkenden, szenischen und musikalischen Lösungen, den Ansprüchen ans Publikum, der Beziehung zwischen Kunst und Leben usw. Sich den Fragen und Anmerkungen der Zuschauer zu stellen, gehörte für alle Mitwirkenden zu unserem Projekt hinzu. So glich die Produktion einem, wie Schechner sagt, 'believed-in' oder 'geglaubten' Theater[27]. Die Glaubhaftigkeit des Stückes kam u.a. durch reale Momente zustande, die ins Theaterspiel einbezogen wurden, und durch die Gesprächsbereitschaft der Mitwirkenden über den Stoff und ihre eigenen Erfahrungen mit dem Stoff.

Die lebhaften Reaktionen der Zuschauer zeigten uns, dass das Stück viele Menschen spontan berührt und oftmals auch ins Gespräch drängt. Manche suchten nach einer Aufführung allerdings auch ganz bewusst die Stille oder distanzierten sich. Das Distanzieren hatte mit dem Gefühl zu tun, dass hier etwas auf die Bühne gebracht wird, das zu heilig oder intim ist, als dass es auf die Bühne gebracht werden dürfte. Dieser Reaktion begegneten wir bei einer halböffentlichen Probelesung im Karmelitinnenkloster Köln und dann auch im Kloster Springiersbach. Jedoch war an beiden Orten daneben auch eine andere Reaktion anzutreffen: nämlich ein Berührtsein von der *Sache selbst*.

Ab und zu kam es zu heftigen körperlichen Empfindungen der Zuschauer bis hin zum Erbrechen oder zu heftiger innerer Erregung. Meistens war die Stimmung nach einer Vorstellung jedoch heiter und angeregt.

---

[27] Richard Schechner, 'Magnitudes of performance', in: Richard Schechner & Willa Appel (Eds.), *By means of performance: Intercultural studies of theatre and ritual*, Cambridge 1990, 39-41.

2. DAS WAHRNEHMUNGSINTERESSE DER SPIRITUALITÄT

Während das erste Kapitel die *Kammer der Andacht* in ihren Konturen betrachtet, geht das zweite Kapitel auf die innere Ausstattung der Form ein. 'Das Ich, auf Kenntnisnahme gerichtet, tendiert in den Gegenstand einzudringen, ihn nicht nur allseitig, sondern auch in allen Einzelheiten, also explizierend zu betrachten',[1] schreibt Husserl. Das Interesse folgt dabei der Richtung der geweckten Erwartungen. 'Explikation ist das Hineingehen der Richtung des Wahrnehmungsinteresses in den Innenhorizont des Gegenstandes'.[2]

Im Rahmen dieser Studie folgt das Wahrnehmungsinteresse den Erwartungen der Spiritualität. Das bedeutet, dass die hier betrachtete Form von Spiritualität in ihrem Innenhorizont erkundet wird: dem gottmenschlichen Beziehungsgeschehen als Umformung.[3] Das gottmenschliche Beziehungsgeschehen als Umformung ist die innere Ausstattung einer jeden Form von Spiritualität. Es kann als innere 'Regelform'[4] aufgefasst werden, die sich auf der Ebene der Semiotik und Performance in vielen Variationen ausformuliert.

Kennzeichnend für eine Regelform ist es, dass sie nie bereits statisch vorhanden ist, sondern sich vor dem erkennenden Subjekt gemäß ihrer inneren Bestimmungen entfaltet. Dabei bewegt sich das deutende Subjekt in einem Raum bestimmbarer Unbestimmtheit. Einerseits ist die Entfaltung des Innenhorizonts vorgezeichnet 'durch den allgemeinen Sinn des Dingwahrgenommenen überhaupt und als solcher, bzw. durch das allgemeine Wesen dieses Wahrnehmungstypus, den wir Dingwahrnehmung nennen',[5] andererseits hält das Wahrnehmungsinteresse den Innenhorizont des Gegenstandes grundsätzlich offen: 'Prinzipiell bleibt immer ein Horizont bestimmbarer Unbestimmtheit, wir mögen in der Erfahrung noch so weit fortschreiten, noch so große Kontinuen aktueller

---

1 E. Husserl, *Erfahrung und Urteil*, Hamburg 1985^{6}, 113.

2 Ibid., 115.

3 Vgl. *Grundkurs Spiritualität* (Hg. Institut für Spiritualität Münster), Stuttgart 2000, 10. Waaijman, *Handbuch der Spiritualität*, 129-187.

4 E. Husserl, *Ideen zu einer reinen Phänomenologie und phänomenologischen Philosophie* I (Hua III). Den Haag 1950, 112-113.

5 E. Husserl, Hua III, 1950, 100-101.

Wahrnehmungen von demselben Dinge durchlaufen haben. Kein Gott kann daran etwas ändern'.[6] Der Innenhorizont muss also in einer hermeneutischen Operation erschlossen werden, wobei sich das Wahrnehmungsinteresse an der allgemeinen Regelform ausrichtet und gleichzeitig auf die konkrete semiotische und performative Variante dieser Regelform konzentriert. Was die *Kammer der Andacht* betrifft, kann die Regelform des gottmenschlichen Beziehungsgeschehens als Umformung unter den folgenden beiden Varianten expliziert werden: der lectio divina und der geistlichen Begleitung.

1. *Die lectio divina.* Die vierstufige *lectio divina* – *lectio* (Lesung), *meditatio* (Meditation), *oratio* (Gebet) und *contemplatio* (Betrachtung) – gehört in den Bereich der geistlichen Übungen (*exercitium spirituale*). Sie kann aufgefasst werden als eine 'vorgezeichnete Potentialität',[7] in der Menschen sich in ihrer Beziehung zu Gott umformen lassen. In der *Kammer der Andacht* war diese vorgezeichnete Potentialität auf der Ebene des Textes, auf der Ebene der Proben und auf der Ebene der Aufführungen manifest. Alle drei Ebenen werden im Folgenden gesondert im Hinblick auf die Explizierung der *lectio divina* betrachtet.

2. *Die geistliche Begleitung.* Geistliche Übungen bedürfen oft der Begleitung. Die geistliche Begleitung will die Beziehung zwischen Gott und dem Begleiteten fördern. Sie nimmt den Begleiteten in eine personale Konstellation von Potentialitäten hinein, in der er eine Umformungsgeschichte erfahren kann. In der *Kammer der Andacht* spiegelte sich diese personale Konstellation ebenfalls auf den drei genannten Ebenen des Textes, der Proben und der Aufführungen wieder. Noch einmal werden daher alle drei Ebenen gesondert betrachtet, und zwar diesmal im Hinblick auf die Explizierung der geistlichen Begleitung.

2.1. Lectio divina

Die geistliche Übung der *lectio divina* kennt drei Grundzüge, die sich allesamt in unserer Arbeit an der *Kammer der Andacht* niedergeschlagen haben:

1. *Sich selbst investieren.* Damit wird gemeint, dass der Mensch eine geistliche Schrift lesen lernt, wenn er sie mit all seinen Kräften liest, also nicht nur mit seinem Verstand, sondern mit allem, was zu ihm gehört. Er soll sich mit all seinen leiblichen und geistigen Kräften engagieren und zwar so wie man sich in einer Liebesbeziehung engagiert: leidenschaftlich und hingebungsvoll. In der Arbeit an der *Kammer der Andacht* bedeutete das, im körperlichen Spiel den Bewegungen des Textes zu folgen, mit der Stimme oder einem Instrument nach

[6] E. Husserl, Hua III, 1950, 101.

[7] E. Husserl, *Cartesianische Meditationen und Pariser Vorträge* (Hua I). Den Haag 1950, 82.

seinem Klang zu tasten, den Text ganz in den Leib eingehen zu lassen, ihn schließlich sozusagen mit allen Gliedmaßen zu verkörpern.

2. *Entschleunigen.* Das bedeutet, dass der Mensch beim Gelesenen verweilen soll, es auf seinen Gehalt sorgfältig abklopfen muss, sich geduldig und ausdauernd um das bemühen muss, was zunächst verschlossen und unverständlich erscheint. Durch das Bohren in die Tiefe wird der Leseprozess verlangsamt. Die wesentlichen Eckpunkte und Konturen des Textes bekommen nun mehr Zeit zur Entfaltung. In unserer Arbeit hieß das: die Entwicklung des Stückes augen- und ohrenfällig werden lassen; Übergänge, Wandlungen und Aufstiege in ihrer Tiefendimension auszuloten. In Momenten der Stille und des Innehaltens Worte und Gebärden nachklingen und nachwirken zu lassen. Verlangsamung im Spiel begünstigte Differenziertheit und Konzentration.

3. *Empfänglich sein.* Das bedeutet, dass der Lesende damit rechnen soll, dass Gott durch den gelesenen Text tatsächlich zu ihm sprechen wird. Auch wir mussten in unserer Arbeit damit rechnen, dass die aspirativen Tendenzen des Textes die Bühne in einen mystischen Raum der Gottesbegegnung verwandeln. Dann trifft Bewusstsein auf Bewusstsein, Unbewusstes auf Unbewusstes, Wesen auf Wesen. Empfängliches Spiel bedeutet präsent sein, also im Geheimnis der Gegenwart leben. Es erfordert ein hohes Maß an geistigem Mut.

Im Folgenden soll die Regelform des gottmenschlichen Beziehungsgeschehens als Umformung unter der Variante der *lectio divina* auf drei Ebenen expliziert werden: auf der Ebene des Textes, auf der Ebene der Proben und schließlich auf der Ebene der Aufführungen.

2.1.1. Der Text[8]

Hingabe und Sammlung. Allgemein werden die Wurzeln der *lectio divina* (im Christentum) in einem Brief von Origenes an Gregor den Wundertäter (Thaumaturgos) lokalisiert:[9] 'Gib dich dann, mein Sohn, eifrig dem Lesen der Heiligen Schriften hin: Gib dich dem hin. Denn wir brauchen viel Hingabe, wenn wir die heiligen Bücher lesen, damit wir nicht vorschnell etwas über sie sagen oder denken. Indem du dich ihnen hingibst, lies in glaubender und Gott gefälliger Absicht, klopfe während des Lesens an die Tür dessen, was verschlossen ist, und es wird dir vom Türhüter geöffnet, von dem Jesus sagt: der Türhüter öffnet ihm (Joh 10,3). Und indem du dich der heiligen Lektüre hingibst, suche aufrichtig und mit unerschütterlichem Vertrauen auf Gott den Sinn der Heiligen Schriften, der so oft verfehlt wurde. Gib dich nicht zufrieden mit Klopfen und

---

[8] Vgl. Hense, *Franciscus Amelry (um 1550)*, 67-87.

[9] Vgl. J.W. Linman, *Toward a theory of lectio divina: A reader response, psychoanalytic, and embodied approach*, Michigan 1998, 3.

Suchen, denn das Bitten ist unerlässlich, um die heiligen Dinge zu verstehen. Dazu spornt uns der Heiland an und sagt nicht nur 'klopfe und es wird dir aufgetan' und 'suche, und du wirst finden', sondern auch: 'bitte, und es wird dir gegeben werden'.[10]

Schon die Väter übten sich in dieser Methode des Lesens der Heiligen Schrift und sie war Grundlage ihrer Schriftkommentare. Andere Methoden waren ihnen fremd. Hieronymus plädierte als einer der wichtigsten Wegbereiter der *lectio divina* im frühen Christentum für das Lesen der Heiligen Schrift (und nicht nur der Psalmen), für das Meditieren über die Schrift und ein damit korrespondierendes Beten: Wer meditiert, wählt aus der heiligen Schrift aus, was ihn anspricht und macht es sich zu eigen. Meditierendes Lesen und Beten sind die beiden Seiten unseres Gespräches mit Gott; in der Lesung spricht Gott zu uns, im Gebet antworten wir.[11]

In der monastischen Tradition entwickelte sich die *lectio divina* weiter und galt bei Benedikt neben dem Gebet und der Arbeit als eines der wichtigsten Mittel für die Suche nach Gott: 'Müßiggang ist der Seele Feind. Deshalb sollen die Brüder zu bestimmten Zeiten mit Handarbeit, zu bestimmten Stunden mit heiliger Lesung (*lectione divina*) beschäftigt sein'.[12] Stoff für die geistliche Lesung bot nun nicht mehr nur die Bibel; auch die Väter, die mit ihren Schriften und ihrem Leben nichts anderes taten als die Bibel auszulegen und zu illustrieren, waren Gegenstand der *lectio divina*.[13] Die *lectio divina* besteht darin, das Wort Gottes zu lesen, es zu schmecken, es zu beten und es in die Praxis umzusetzen.[14]

Die rechte Weise des Lesens, Schmeckens, Betens und Praktizierens des göttlichen Wortes besteht in der *Kammer der Andacht* vor allem in einer Beteiligung aller menschlichen Kräfte hieran: 'Zuerst musst du all deine Gedanken, all deine Sinne einsammeln, die du wie Jagdhündchen hast laufen lassen'.[15] Alle leiblichen

[10] Origenes, *Lettre d'Origène à Grégoire*, in: SC 148, Paris 1969, 185-195, hier 192-193.

[11] Hieronymus, *Epistulae*, in: Cetedoc, Cl. 0620, *epist. 127*, vol. 56, par. 7, pag. 151: hoc solum dicam, quod, quicquid in nobis longo fuit studio congregatum et meditatione diuturna quasi in naturam uersum, hoc illa libauit, hoc didicit atque possedit, ita ut post profectionem nostram, si aliquo testimonio scripturarum esset oborta contentio, ad illam iudicem pergeretur. Ders., *epist. 3*, vol. 54, par. 4, pag. 16: ille securus, intrepidus et totus de apostolo armatus nunc deum audit, cum diuina relegit, nunc cum deo loquitur, cum dominum rogat, et fortasse ad exemplum iohannis aliquid uidet, dum in insula commoratur. Ders., *epist. 22*, vol. 54, par. 25, pag. 178: oras: loqueris ad sponsum; legis: ille tibi loquitur et, cum te somnus oppresserit, ueniet post parietem et mittet manum suam per foramen et tanget uentrem tuum, et tremefacta consurges et dices: uulnerata caritatis ego sum, et rursus ab eo audies: hortus conclusus soror mea sponsa; hortus conclusus, fons signatus.

[12] *Regula Benedicti* (ausgabe: *Die Benediktus-Regel*, Beuron 1992), Kapitel 48,1.

[13] Vgl. Ibid., Kapitel 73, 4-6.

[14] Vgl. J. Rousse, 'Lectio divina et lecture spirituelle', in: DS IX, Paris 1976, 470-471.

[15] Hense, *Franciscus Amelry*, 121.

und geistigen Kräfte sind vonnöten, um sich auf ein solches Lesen und Meditieren einlassen zu können: 'Ruf deine zerstreuten Gedanken und behalte sie bei dir'.[16] Damit die Seele tatsächlich alle Kräfte in die *lectio divina* investieren kann, muss sie sich einerseits aus den vielen anderen Beschäftigungen herausnehmen und anders gerichtete Wünsche loslassen, andererseits muss sie sich ganz Gott hingeben, der tatsächlich durch die Schrift zu ihr sprechen wird und ihr wirklich geben wird, worum sie bittet: 'Entziehe allen Geschöpfen deine Gedanken und dein Begehren und gib sie ihm, der deines Herzens Schatz ist'.[17] Immer wieder muss der Mensch sich im Fokusieren Gottes üben, bis all das andere schließlich wirklich aus dem Blick verschwindet, wie das im letzten Drittel des Textes in zunehmendem Maß der Fall wird: 'O Gott meines Begehrens, mein Anteil, mein Erbe bist du in Ewigkeit, was begehre ich auf Erden außer dir, ja, was will ich im Himmel sonst noch als nur dich'.[18]

Vier Stufen. Seit dem 12. Jahrhundert wurde die *lectio divina* für die Spiritualität der Kanoniker ebenso wesentlich wie für die der Mönche.[19] Guigo II (gestorben 1188) gab mit seiner *Scala claustralium* dem breiten Interesse seiner Zeit an der *lectio divina* den theoretischen Unterbau: er erkannte in der *lectio divina* einen vierstufigen Prozeß – lectio, meditatio, oratio, contemplatio –, der fortan die spirituelle Praxis der *lectio divina* maßgeblich beeinflussen sollte. Die vier Stufen erklärte Guigo II selbst folgendermaßen: 'Die unaussprechliche Seligkeit des ewigen Lebens wird in der Lesung gesucht, in der Meditation gefunden, im Gebet erfleht und in der Kontemplation verkostet. Die Lesung führt die feste Speise gewissermaßen zum Mund, die Meditation zerkleinert und zerkaut sie, das Gebet schmeckt sie und die Kontemplation ist der Genuss selbst, der beglückt und belebt. Die Lesung bleibt an der Schale, die Meditation dringt bis zum Kern vor, das Gebet drückt das Verlangen aus, die Kontemplation ist die Freude über den erlangten Genuss'.[20]

Auf alle Stufen der *lectio divina*, die Guigo II nennt, nimmt die Amme in der *Kammer der Andacht* die menschliche Seele mit: 1. sie bietet Passagen aus der Heiligen Schrift und den geistlichen Schriften der Tradition zur Lektüre an (*lectio*), 2. sie verweilt bei diesen Passagen, erschließt ihren Sinn und bezieht sie auf die Seele (*meditatio*), 3. sie regt die Seele immer wieder zu Seufzern und sehnsüchtigen Ausrufen an (*oratio*), 4. sie zieht sich zurück und überlässt die Seele dem Genuss der Gegenwart ihres Bräutigams (*contemplatio*). Mit den vier Stufen der

[16] Ibid., 121.
[17] Ibid., 163.
[18] Ibid., 237.
[19] Vgl. Rousse, 'Lectio divina et lecture spirituelle', 485-486.
[20] Guigo II, *Scala claustralium*, In: Enzo Bianchi, *Dich finden in deinem Wort. Die geistliche Schriftlesung*, Freiburg 1988, 105.

lectio divina verfährt Amelry sehr spielerisch und frei. Zugleich mit der Präsentation des ersten kleinen Lesehappens – ein Zitat von Hugo von St. Victor: der Mensch 'kann nicht ohne Minne sein' – steigt er auch schon in die Meditation über diesen Text ein: 'sag mir doch, was ist es denn jetzt, das du zu lieben erwählt hast'.[21] So verbinden sich *lectio* und *meditatio* zu einem interessanten Wechselspiel zwischen dem, was die Tradition anreicht, und dem, was das eigene Leben und die eigene Erfahrung dazu zu sagen hat. Ohne im einzelnen strikt zu unterscheiden, pendelt Amelry zwischen dem Gelesenen, in diesem Falle also Hugo, und den Gedanken, die die Seele sich dazu machen kann hin und her, wobei er auch die Heilige Schrift und Textpassagen anderer Autoren in die *meditatio* einbezieht.

Die Amme. Die frühen Mönche systematisierten die geistliche Lesung noch kaum. Sie lasen ruhig und aufmerksam, bis ein Wort oder ein Satz oder eine Begebenheit sie innerlich berührte. Dann legten sie das Buch beiseite, um ihrem inneren Angesprochensein Raum zu geben. Ließ dabei schließlich ihre Aufmerksamkeit wieder nach, griffen sie erneut zur Lektüre. Auf diese Weise wollten sie dem Wort Gottes begegnen und sich von ihm durchdringen und verwandeln lassen.[22] In der Devotio moderna wurde die *lectio divina* schließlich zu einem dreigliedrigen Parcours: 1. man liest eine Schriftstelle; 2. man betrachtet mit Hilfe der eigenen Phantasie das Gelesene; 3. man konformiert sich betend und schauend in Formen von Solidarität. Sowohl die Inhalte der *lectio divina* als auch ihre Methode wurden dabei immer mehr systematisiert. Dies führte dazu, dass zunehmend mehr Ausbildung notwendig wurde, um die geistliche Übung der *lectio divina* verrichten zu können.

Weil die Amme in der *Kammer der Andacht* die Seele unmittelbar in ihre Obhut nimmt, kann Amelry auf eine ausdrückliche Einführung in die Methode von *lectio*, *meditatio*, *oratio* und *contemplatio* verzichten. Als Autor hantiert er mittels der Figur der Amme im Hintergrund selbst meisterlich die richtige Lesemethode, so dass die Seele sich ganz auf die Begegnung mit Gott konzentrieren kann, wozu die *lectio divina* ja führen soll. Die Amme hat die Aufgabe zu kontrollieren, ob und in wiefern die *lectio divina* Früchte trägt (wie etwa bei Cisneros), und sie hat die Seele mit der passenden Literatur zu versorgen. Der Dialog wird bei Amelry zum Element der Methode der *lectio divina*, die somit als solche für die Seele in den Hintergrund treten kann, um der existentiellen Erfahrung, die mit dieser Methode ermöglicht werden soll, ganz das Feld zu überlassen.

Gegenwart des Bräutigams. Ohne im Einzelnen zu verantworten, was, wann, wie und zu welchem Zweck er zu lesen und zu meditieren empfiehlt, ruft Amelry ganz unmittelbar das Kolorit der *lectio divina* wach: 'In der Kammer der Andacht

[21] Hense, *Franciscus Amelry*, 115.
[22] Vgl. E. Friedmann, *Die Bibel beten*, Münsterschwarzach 1995, 17-18.

saßen die Braut und ihre Amme, die Schriftauslegung, und haben sehr freundlich über die Minne gesprochen'.[23] Der Leser erwartet auf Grund dieses Rahmens zu Recht eine sehnsüchtige, meditative und kontemplative Begegnung mit dem Wort Gottes, eben das, was seit Origenes in der *lectio divina* geschieht. Es geht nicht darum, Wissen über die Heilige Schrift oder andere geistliche Literatur zu erwerben oder sich intellektuell mit ihr zu beschäftigen, vielmehr geht es um eine hingebungsvolle Beziehung zu Gott und ein sehr persönliches, intimes Gespräch mit ihm. In den Verben, mit denen die Amme der Seele eingangs erklärt, was hierbei als Leitfaden gelten soll und was nicht, kann man ein spätes Echo von Origenes' Rat an Gregor den Wundertäter vernehmen: suchen, begehren, finden, erwählen – dies gilt es in rechter Weise einzuüben. Was Origenes als Lohn hierfür positiv in Aussicht stellte – es wird dir gegeben werden –, formuliert Amelry negativ: 'es wird dir nicht genommen werden'[24]. Amelry geht somit noch über Origenes hinaus. Im Kontrast zu der allgemein menschlichen Erfahrung, dass alles vergänglich und veränderlich erscheint und man immer wieder hergeben und loslassen muss, was man gefunden zu haben glaubt, betont Amelry nicht nur, dass geistliche Früchte tatsächlich erlangt werden, sondern auch, dass sie nachhaltig erlangt werden. Die Figur der Amme bleibt während des Suchens, Begehrens, Findens und Erwählens nur solange in der Nähe der Seele, bis diese sich in der Kontemplation in der liebevollen Gegenwart des göttlichen Bräutigams befindet. In Momenten der Kontemplation kommt die Seele immer wieder bereits an ihr Ziel, ohne dass damit die drei vorausgegangenen Stufen des Lesens, Meditierens und Betens schon überflüssig würden. Erst nach ihrem vierten Gespräch mit der Amme erreicht die Seele ihr Ziel definitiv, d.h. dass ihr der Genuss der göttlichen Gegenwart dann nicht mehr genommen werden kann.

2.1.2. Die Proben

In den ersten Proben näherten die Mitwirkenden sich lesend dem Text an. Sie saßen, standen oder lagen auf der Bühne und lasen den Text oder improvisierten ihn sinngemäß mit eigenen Worten. Dazu wurden am Text entlang verschiedene Aufstellungen erprobt: Distanzen zwischen den Darstellern, Berührungen, Körperneigungen, Körperausrichtungen, Blicke und Bewegungen. Immer wieder brachten die ersten Durchläufe psychologische Faktoren ans Licht, die mit den Beziehungen der Personen untereinander zu tun hatten oder mit persönlichen Blockaden und Verweigerungen. Die Störgeräusche der eigenen psychischen Befindlichkeiten wahrzunehmen und sich dann vom Text her davon zu lösen, war ein längerer Prozess, der manchmal in großen Schritten, dann wieder nur äußerst zäh vorankam.

---

23 Hense, *Franciscus Amelry*, 113.
24 Ibid., 119.

Die allmähliche Auflösung von Hemmnissen und das Hineinfinden in neue Einsichten führte zu größeren Kontrasten und mehr Dynamik im Spiel: jetzt gab es Rufen und gedämpftes Sprechen, intime Nähe und überpersönliche Weite, strenge und fließende Bewegungen. Zusammenhängende Einheiten entstanden, Zäsuren wurden gesetzt. In der neunten Probe sangen Seele und Amme zum ersten Mal. Der Mystagoge erfand ein stufenhaftes Sprechen, ein wie abgestorbenes Verharren in Bewegungslosigkeiten, eine wüstenhafte Kargheit. Die Amme erprobte verschiedene extreme Sprecharten, ließ eine nach der anderen wieder los und fand dann zur Einfachheit. Die Seele kam immer mehr in Bewegung, auch innerlich: sie fand in sich selbst Anknüpfungspunkte an die Bewegtheit des Textes. Neue Durchläufe waren wie Tauchgänge, in denen sich die Personen in den Text wie in einen Ozean des Ungewissen und Ungewussten stürzten.

In der dreizehnten Probe kam ein Bühnenbild ins Spiel: eine kreuzförmige Kapelle, angedeutet durch schwarze Wände. Die neue Raumsituation verstärkte das Hineingehen in wortlose Tiefen, auch in Einsamkeiten. Obwohl dieses Bühnenbild dann nicht angenommen wurde, weil die Personen sich als Gegenüber zu sehr aus den Augen verloren, löste es doch die Geburt der *Kammer der Andacht* als Bühnenstück aus – eine Form wurde gefunden 'der das Verborgene innewohnt' (Ursula Albrecht, 4. März 2004). Das Verborgene war sichtbar geworden in einer Form. Eine Schwelle war sichtbar: die Personen müssen eintreten, fortschreiten und wieder austreten. Die Langsamkeit dabei erwies sich als höchst spannend. Darstellbar wurde diese Form dann allerdings erst viel später: in der dreiundzwanzigsten Probe war die Kapelle bis auf den Grundriss abgetragen und das Kreuz als Spielfläche war gefunden.

Zunehmend kam es im Spiel zu Sprachlosigkeiten und so stand die Frage nach einer eigenständigen instrumentalen Unterstützung des szenischen Geschehens im Raum. In der achtzehnten Probe wurden zum ersten Mal Instrumente eingesetzt. Hierdurch geriet alles wieder durcheinander, bekam aber gleichzeitig Frische. Parallel zu den instrumentalen Passagen wurde der Text probeweise mit persönlichen Worten ergänzt und hier offenbarte sich plötzlich, dass etwas mit den Personen geschehen war. Der Stoff wirkte an den Akteuren. Diese Bühnenerfahrung brachte die Personen nahe ans geistliche Leben heran: sie fühlten die Spannung zwischen dem Sich-Lassen und dem Sich-Fassen[25] der gottsuchenden Seele.

Bei der zwanzigsten Probe zeigten sich neue Blockaden und Zweifel. Ein tieferes Sich-Einlassen auf den Text wurde erforderlich. Die Arbeit geriet ins Stokken; mehrere Wochen ging es kaum weiter. Das Vor-Machen des Textes, das Sich-Verbiegen und Sich-Verdrehen mit dem Text musste ganz aufhören. Ein

[25] Siehe Interview mit Frank Albrecht.

Rollentausch brachte erfrischende Ansätze, doch erst ein weißer Rock für die Seele führte schließlich zum Durchbruch: zur künstlerischen Selbstfindung der Beteiligten. Das Spiel bekam dann etwas Unberechenbares, eine Selbstvergessenheit, ein Ausgesetzt-Sein. Gleichzeitig wurde es sehr lebendig. So konnte das 'Dahinter, das wartet, das in der Form aufscheinen will' wahrgenommen werden (Ursula Albrecht, 23. Mai 2004).

Im Juni und Juli fanden wöchentlich Proben statt. Es ging nun intensiver um die musikalische Gestaltung. Dabei wurden Strukturen gefunden, die Halt gaben, in denen die drei Personen zu einem ausbalancierten Gefüge verschmolzen, und doch viel Raum für den eigenen Ausdruck behielten.[26] Das Bühnenbild unterstützte die Strukturierung des Spiels: das Kreuz wurde zur Form, außerhalb derer nichts möglich war. Auf den Kreuzbalken behielten die Personen jedoch ihre Freiheit, mit der sie die vorgezeichnete Struktur immer wieder aus ihrer eigenen Lebendigkeit heraus aufbrechen konnten: bekennend, sich nicht abwendend, nicht ausweichend, wartend. Schließlich war es notwendig, erneut die Bewegung zum Thema zu machen: ein Flackern konnte entstehen, Anziehung und Abstoßung zwischen den drei Personen, die gleichsam ein Dreieck bildeten – ein wogendes, bewegtes Dreieck.

Im August probten wir nahezu täglich. Die Regisseurin war einfach nur noch dabei, meistens ohne einzugreifen. Dann kam es kurz vor der Premiere zu großen Einbrüchen: der Amme wurde es zuviel, die Seele war müde, der Mystgoge versuchte sich durchzubeißen. Grobheit machte sich breit und eine aufgesetzte Süße. Das Spiel wurde gefühlig-neblig, äußerlich devot. Diese Entwicklung zwang die Regisseurin zu der Entscheidung, dass die Seele nach dem vierten Gespräch schweigen soll und nur der Mystagoge noch weiterspricht. Damit hatte sich nun im Spiel die ursprüngliche Struktur des Textes behauptet, denn auch Amelry lässt nach dem vierten Gespräch die Seele schweigen. Nur indirekt kann ihre weitere geistliche Entwicklung dann noch ausgedrückt werden. Hart und klar wurde uns diese Grenze durch unser Zu-Weit-Gehen bewusst. Erst jetzt konnte 'das Gefühl des Durch-und-durch-angefasst-Seins ohne Ausweg' (Ursula Albrecht, 18. August 2004) entstehen: das Spiel wurde zutiefst wahrhaftig.

2.1.2.1. Gespräch mit Ursula Albrecht

Während in der Theaterarbeit oft fragmentarisch einzelne Szenen durchgeprobt werden und an isolierten Stellen des Stückes gearbeitet wird, bevorzugt Ursula Albrecht ununterbrochene Spieldurchläufe. In einem Gespräch mit ihr soll diese Art zu arbeiten näher betrachtet werden.

---

[26] Siehe Interview mit Rainer Witzel.

Ursula, worauf richten sich die ununterbrochenen Spieldurchläufe? Was ist ihr inneres Ziel?

Die ununterbrochenen Spieldurchläufe, das Spielen ohne Unterbrechungen, schafft Tiefe. Sich wie ein Kind keinem formulierten Ziel, sondern dem verborgenen Sinn zu überlassen. Der von außen nach innen wirkende Text und der von innen nach außen drängende Inhalt (Text + Person) sind in Bewegung.
Der Text braucht ein freies Gefäß, eine nicht vorgegebene Form, weil die Form bereits im Inhalt angelegt ist. Dabei schafft die sensible Wahrnehmung Erfahrungswerte. Und wenn sich kein Mensch, Regisseur oder Kollege, mit seinen Vorstellungen in das Spiel mischt, was eine Unterbrechung bedeuten würde, kann es zu jener Leib-gewordenen-Sprache kommen, die jede Seele in ihrem Innern versteht und bewegt.
Ihr inneres Ziel, denke ich, ist die Verborgenheit, die auf einer Bühne aber öffentlich geschieht. Dadurch kommt es zur Bewegung zwischen Außen und Innen und Innen und Außen… wie eine Acht in Bewegung. Also eine echte 8.

In der lectio divina braucht der Übende auch so etwas wie einen ununterbrochenen Durchlauf: Lesung, Meditation, Gebet und Kontemplation sind innerlich mit einander verbunden. Das eine wird vom anderen begünstigt. Wenn der Prozess immer wieder unterbrochen würde, könnte der Übende nicht in das Innere des Textes eindringen. Es braucht diese ungestörte Zeit mit dem Text, in der der Lesende nicht von außen zum Einhalten oder Wiederholen gezwungen wird.
Aus der Beschäftigung mit der lectio divina kenne ich aber auch die Erfahrung, dass es häufig lange dauert, bis der geistlich Übende sich wirklich auf einen Text einlassen kann. Es fällt mir auf, dass dieses Sich-Einlassen auf einen Text in der Theaterarbeit sehr rasch und beinahe selbstverständlich vollzogen wird. So folgt dann sofort ein Schritt, der in der lectio divina oft nur mühsam erreicht wird: dass der Lesende sein eigenes Wort im Text ausspricht, also auch selbst darin zu Wort kommt. Ist das richtig, dass es im Theater hier gar keine Barriere gibt und jeder sich ohne wenn und aber sogleich den Text zueigen macht, also den Text als eigenen Text nimmt?

Schauspieler werden von Anfang an dazu aufgefordert sich einen Text zueigen zu machen. Es geht ja darum, eine Figur zu spielen. Diese authentisch zu spielen bedeutet, dass Schauspieler in sich auf die Suche nach den gefragten Aspekten gehen müssen. Wenn ich den Faust spiele, muss ich mich mit meiner persönlichen Verführbarkeit auseinandersetzen. Bei einer Lady Macbeth müsste ich meinen persönlichen Ehrgeiz anschauen.
Zugleich übt der Schauspieler das emotionale Darin-Sein und das gedankliche Darüber-Stehen. So kann er die Figur sein und die Figur beobachten.
Der Schauspieler sollte wissen, was er wann wie tut, sonst ist er auf der Bühne nicht zuverlässig. Das alles wird während der Schauspielausbildung herangebildet und im Berufsalltag eingefordert.
Damit wird auch deutlich, dass eine Theaterarbeit mitunter sehr schmerzhaft sein kann. Da kommt sogleich die Frage nach dem Verständnis des Regisseurs auf. Im Grunde ist er ein Begleiter in die Tiefen. Er sollte Tiefe, also echtes Leid und echte Freude aushalten können.

Der geistlich Übende könnte vom Schauspieler lernen, sich nicht zu lange mit der Frage aufzuhalten, ob er den Text wirklich als einen eigenen Text nehmen möchte. Statt sich an der Fremdheit des Textes zu stoßen, könnte er mit Hilfe des Textes sogleich auf eine innere Entdeckungsreise gehen. Die Hemmschwelle, die viele haben, um mit einem geistlichen Text emotional in die Tiefe zu gehen und auf eigene Trauer und eigene Freude zu stoßen, hat oft mit Gedanken zu tun, die sich zunächst einmal aufdrängen: Kann ich diesen Text als postmoderner Mensch überhaupt noch lesen und wenn ja, wie muss ich ihn dann verstehen? Sollte ich mich nicht gegen das Gottesbild oder Menschenbild im Text auflehnen? Passt der Text denn überhaupt zu meinem persönlichen Leben und in meine Zeit? Vor allem am Anfang des geistlichen Weges stellt der geistlich Übende einen Text oft sehr in Frage und das kann ihn hindern, weiter zu schreiten.
Ursula, gibt es auch etwas, was umgekehrt der Schauspieler von einem Menschen lernen kann, der sich ernsthaft auf die lectio divina eingelassen hat?

Aber ja. Ein Schauspieler könnte eine Textauswahl treffen. Nicht mehr alles spielen, was an ihn herangetragen wird. Das heißt, ein Bewusstsein dafür entwickeln, was er seiner Seele zumuten will und was nicht. Der Wahrheit dienen. Dann würde er sich dem Wort im tiefen Sinn zuwenden. Sich dem Außen und Innen eines Wortes, sich also diesem großen Geheimnis zuwenden zu wollen, ja zu müssen, das wäre die Voraussetzung.

Schauspiel als Dienst an der Wahrheit. Das klingt nach dokumentarischem Arbeiten. Müsste der Schauspieler sich dann im Spiel nicht sehr aussetzen? Wo wären auf der Bühne die Grenzen oder müssten die ebenso wie in einem Dokumentarfilm je neu gesucht werden? Dann würde ich dich fragen: wo wären für dich persönlich die Grenzen?

Das Aussetzen wäre nur dann gegeben, wenn der Schauspieler seinen Beruf nur teilweise aufgeben könnte. Wenn er aber soweit ist, dass ihm an der Wahrheit alles liegt, dann ist er auch kein Schauspieler mehr. Damit entsteht die Frage nach der inneren Abgeschiedenheit oder Verborgenheit. Das wäre der Schritt vom Theaterabend zum öffentlichen Tagebuch. In der bildenden Kunst gibt es ja die Aktion oder Performance. Ein öffentliches Tagebuch wäre weder eine Aktion noch eine Performance, weil es um das öffentliche Zeigen des Gott-Erleidens ginge.
Für mich persönlich ist da stark das Bedürfnis nach dem Verbergen-Wollen, weil mein Gott-Erleiden mein Geheimnis mit Gott wäre. Das Zeigen des Gott-Erleidens käme dann wohl einer Verdichtung dieses Erleidens gleich, denke ich.

Ich verstehe, dass das Gott-Erleiden keine Aktion oder Performance sein kann. Das Gott-Erleiden, wie Meister Eckhart und vor allem Johannes Tauler sagen, meint die Kontemplation. Es ist eine passive Verfassung, eine Art Selbstverlust, ein selbstvergessenes Handeln. Im Lesen, Meditieren und Beten wird der Mensch darauf vorbereitet. Ob ihm das Gott-Erleiden dann tatsächlich zustößt, hat er nicht selbst in der Hand. Gott-Erleiden und Kontemplation liegen somit auch jenseits der Schauspielkunst. Ich finde es spannend, dass du dir vorstellen kannst, dich diesem Jenseits in einem öffentlichen Tagebuch anzunähern. Wie könnte das aussehen? Wie könnte es zu so einer Verdichtung kommen?

Zuerst denke ich dabei an Jesus Christus. Er zeigte uns seine Geburt, sein Leben und sein Sterben. Er war öffentlich, er war ohne irdischen Schutz. Er hat sich verlassen. Und sich in diesem Gott-Erleiden gezeigt. Er zeigte uns seine Erschütterung, damit das Unerschütterliche bleibt.
Wenn ich nun auf einer Bühne selbstvergessen handeln will, muss ich die irdische Schutzlosigkeit ertragen können. Mein einziger Schutz wäre dann meine Geborgenheit in Ihm. Ich könnte das in einem öffentlichen Tagebuch zeigen, indem ich dem Publikum meine Schutzlosigkeit offenbare, da bin und schaue, was die jeweilige Situation erfordert.
Wie Johannes, der beim letzten Abendmahl im Schoße Jesu ruhte und dessen Blick auch auf Judas fallen musste. Dieser Anblick des Judas wurde ihm in seiner Geborgenheit mitgeteilt. So ein Teilen im tiefen Sinn nach Innen und Außen könnte das öffentliche Tagebuch sein. Zu so einer Verdichtung könnte es aber nur durch die Gnade Gottes kommen.

In der Spiritualität spricht man hier von imitatio Christi. Das geht über die lectio divina hinaus, weil hier der Text ganz losgelassen wird und nur noch von einem Urbild ausgegangen wird, dem man sich in einer Verdichtung zu nähern versucht. Es scheint mir nun, dass das innere Formkonzept imitatio Christi eine gute Grundlage für das 'öffentliche Tagebuch' sein könnte.
Dass unser Nachdenken über die lectio divina uns nun zur imitatio Christi führt, könnte richtungweisend sein.

Das Loslassen des äußeren Textes heißt ja wohl, dass der Text von da an als Wort von innen kommen will, und ganz konkret ins Fleisch drängt. Dieses Drängen des Wortes ins Fleisch ist eine In-Besitznahme Gottes. Dieses von Gott Eingenommen-Sein wäre wohl die Voraussetzung für das öffentliche Tagebuch.
Der Leib muss wie das Herz horchen und gehorchen, sonst eckt er an oder schmerzt oder ruft sonst wie. Dieses Horchen im Schweigen und dieses leibliche Geführt-Sein verursachen eine spannungslose Spannung, ein Aufgespannt-Sein, das Menschen (das Publikum) anzieht, denn dahin strebt ein jeder, ob er das weiß oder nicht.

2.1.2.2. Erfahrungsbericht von Frank Albrecht

Es ist interessant, sich rückblickend zu vergegenwärtigen, welche kreativen und spielerischen Impulse einen selbst als Schauspieler bei der ersten Annäherung an die szenische Umsetzung eines Textes auf der Bühne geleitet haben.

Während eine auf die Lektüre des Textes beschränkte Auseinandersetzung mit demselben im Wesentlichen darauf abzielt, seinen Inhalt zu verstehen und auszudeuten, so widerfährt ihm bei seinem Transport auf die Bühne eine Veränderung, die seine Funktion als Bedeutungs- und Sinnträger betrifft.

Es handelt sich um nichts weniger als die Geburt des Textes hinein in eine neue Dimension: vom Papier in den dreidimensionalen Raum, von der Ideenwelt in die Welt der Konkretion.

Der Text wird dabei als absoluter Bedeutungsträger relativiert zu einem unter vielen. Denn auf der Bühne kommen textfremde Bedeutungsträger hinzu, die sich nicht nur wechselseitig, sondern eben auch den Ausgangstext selbst zum neuen Kontext einer umfassenderen Realität machen. Diese ist die Bühnenrealität, mit der ich als Schauspieler umzugehen habe. Hier spielen neben dem Text nun auch die konkreten Bühnenpartner, deren Konstellation im Raum, ihre Absichten und Aktionen ebenso eine Rolle, wie die Architektur des Raumes, und der Umstand, dass das, was geschieht, sich sowohl als Kommunikation der Darsteller untereinander –, als auch mit einem Anteil nehmenden Publikum vollzieht.

Orangerie

Eine der ersten Bühnenproben zur *Kammer der Andacht* fand in der *Orangerie – theater im volksgarten* statt, einer ehemaligen Orangerie in Köln, die zu einer variablen Raumbühne umgerüstet worden war.

Eine ca. 5m x 4m große Fläche aus Podesten bildete den leeren Spielraum, den wir drei Darsteller, mit drei Klappstühlen ausgerüstet, betraten. Da der Text noch nicht auswendig gekonnt wurde, probierten wir eine Art szenischer Lesung.

Doch vor allem Umgang mit dem Text, bevor wir selbst begannen, auf der Bühne zu agieren, zog uns der Anblick der drei Klappstühle in seinen Bann: wir bemerkten, wie die drei nackten Stühle auf der leeren Bühne aussagekräftig wurden als räumliches Beziehungsgeschehen:

Am Anfang war die Konstellation der Drei...; eine Installation, die wir zunächst aus der Perspektive des Publikums ins Auge fassten.

Abb. 8. Foto: Manfred Schneider

Jeder hatte also seinen Klappstuhl auf einen Ort seiner Wahl gestellt (s. Abb. 8). Die Auswahl der Positionen entsprach dabei den Bedürfnissen der Darsteller nach dem adäquaten Ort ihrer Rolle (Seele, Amme, Mystagoge) im Bühnenraum, d. h., sie war bereits gegründet auf der Kenntnis des Stoffes und also beeinflusst vom Bedeutungsgehalt des Textes.

Den Stühlen, die zunächst quasi stellvertretend den Raum für uns Darsteller einnahmen, war selbstverständlich nicht gegeben, irgendetwas Rollengemäßes durch sich selbst zu behaupten. Als das jeweilige vollkommen ausdruckslose Alter Ego eines jeden von uns konnten die Stühle nur durch ihre Stellung zueinander sprechend werden. Neben deren Konstellationen wurden auf diese Weise auch ihre Raumrichtungen die wesentlichen dramatischen Ausdruckträger:

In der Grundkonstellation stand der Stuhl der Seele in der Mitte des Bühnengevierts und nahm die Ausrichtung seitwärts nach links ein.

Ihm rechts zur Seite, aber rechtwinklig zugeordnet, also die Ausrichtung en face nach vorn zum Publikum einnehmend, stand der Stuhl der Amme.

Und mein Stuhl, der des Mystagogen, fand dann seinen Platz in der linken Ecke des Bühnenhintergrunds mit der Ausrichtung nach rechts in die gegenüberliegende Seite.

Jeder Stuhl war also einer anderen Himmelsrichtung zugewandt.

Zusammen mit der Blickrichtung nach hinten, die die Zuschauer einnahmen (zum Bühnenhintergrund), waren also die vier Himmelsrichtungen als grundlegende Raumorientierungen etabliert.

Hier fällt unmittelbar auf, dass mit der Verteilung der vier Richtungen auf vier Subjekte (das Publikum neben den drei Darstellern als viertem Subjekt!) schon etwas sehr Wesentliches zur Deutung des Stückes, bzw. der Funktion der Darsteller und des Publikums ausgesagt wird: Es wird, bemerkenswerter Weise, keine Dualität von Bühne und Publikum geschaffen, sondern eine Gleichwertigkeit von vier Subjekten betont! Jedes von ihnen hat offenbar innerhalb dieses theatralen Ereignisses eine spezifische Funktion zu erfüllen:

Die Seele. Sie sitzt im Zentrum – und offenbart auf diese Weise unmittelbar ihre Funktion als Hauptperson des Stückes: als Bild für den inneren Menschen soll sie hier stellvertretend für das Publikum Einblick gewähren in die Bewährungsproben, die sie/er zu bestehen hat auf ihrem/seinem bestimmungsgemäßen Weg zu Gott.

Allerdings hat sie Körper und Blick in die Seite gerichtet, so, als wolle oder könne sie ihrer zentralen Stellung auf der Bühne noch nicht gerecht werden, als brächte sie noch nicht die Kraft auf, sich dem Publikum zu offenbaren und müsse sich vor dem Angeschaut-Werden schützen.

Dabei ist es schwer, zu unterscheiden, ob dieses Verhalten dem Charisma der Rolle entspricht, also ihrer Befindlichkeit innerhalb des Dramas, oder aber dem ganz persönlichen Schutzbedürfnis des Darstellers, der mit dieser Rolle betraut ist. Möglicherweise fällt beides in Eins zusammen…

Das Publikum. Es sitzt der Bühne gegenüber und trägt seine Erwartungshaltung an die dort Anwesenden heran. Es ist in dieser Haltung neugierig und Anteil nehmend offen, prinzipiell bereit, dasjenige, was ihm von den drei Darstellern entgegengebracht werden wird, als etwas möglicherweise ihm Wesentlichen in das eigene Innere hineinzulassen und es dort zu bewegen.

Als der eigentliche Adressat dessen, was auf dieser Probe geschehen wird, erfüllt es seine Funktion in der Gesamtkonstellation. Dass es in dieser Funktion möglicherweise der erste handelnde Akteur gewesen sein könnte, dadurch dass es den Darsteller der Seele zu seiner seitlichen Ausrichtung veranlasste, zeigt, wie wenig man der Rolle des Publikums gerecht würde, wenn man sie nur als eine passive in Betracht ziehen wollte!

Die Amme. Sie befindet sich in unmittelbarer Nähe zur Seele, und zwar so, dass sie durch die räumliche Übereck-Anordnung zur Seele gleichzeitig an deren Seite sitzt und in ihrem Rücken! Sie drängt sich nicht in die Perspektive der Seele, vielmehr gewährt und fordert sie von ihr Freiheit und Eigenständigkeit (so müsste die Seele, wenn sie etwas von der Amme wollte, sich schon aus eigener Initiative an sie wenden).

Darüber hinaus gibt die Amme durch ihre frontale Ausrichtung zum Publikum zu erkennen, dass sie mit sich im Reinen ist, nichts zu verbergen hat und sich im inneren Gleichgewicht befindet, vertrauensvoll bereit, alles der Notwendigkeit der Sache entsprechend zu handhaben.

Entsprechend scheint sich ihre Funktion darin zu erfüllen, dass sie der Seele sowohl als Ansprechpartner zur Verfügung steht, als auch ihr gegenüber eine schützende Instanz darstellt (den Rücken frei zu halten).

Der Mystagoge. Seine Position in der linken Ecke des Bühnenhintergrundes mit dem Blick weg von der Szene in eine seitliche Ferne gerichtet, charakterisiert ihn als Außenstehenden, der nicht in direkter Beziehung zu den beiden Hauptakteuren Seele und Amme steht. Der Gegenstand seiner Betrachtung scheint demgemäß nicht das im Vordergrund sich entfaltende Einzelschicksal zu sein, sondern der übergeordnete Aspekt dessen, 'was der Fall ist'[27] –, hier also möglicherweise die allgemeingültige Entwicklungsperspektive der menschlichen Gattung.

Sofern man die Ausrichtung seines Körpers im Raum exakt deutet, nimmt er nur mit dem Ohr Anteil am Geschehen auf der Bühne und befindet sich parallel dazu in einem eigenen Denkraum. So lässt sich die Funktion des Mystagogen als eines Bewohners zweier Welten deuten, zwischen denen er als Vermittler agiert.

---

[27] Peter Sloterdijk, *Weltfremdheit*, Frankfurt am Main 1993, 236: 'Ich behaupte, dass von jetzt an das metaphysische Fingerzeigen auf alles, was der Fall ist, und das psychoanalytische Hinhorchen auf das, was sich in mir sagt, auf dasselbe hinauslaufen – vorausgesetzt wir verstehen alles, was der Fall ist, jetzt richtig als das, was *da* ist, und begreifen das, was sich in uns sagt, als Spur der Mühe, zur Welt zu kommen'.

Der Text in der Bühnenrealität. Ich habe bis hierher versucht aufzuzeigen, wie sehr die Architektur des Bühnenraumes für den Darsteller Vorraussetzungen schafft, die nicht spurlos am Umgang mit dem Text und der Deutung seines Textes vorübergehen können. Natürlich erhebt sich dabei die Frage nach dem Verhältnis von Ursache und Wirkung. Denn es ist nicht ausgeschlossen, dass der Einfluss des Raumes auf die Deutung des Textes sich ausschließlich auf eine klärende, verdeutlichende Funktion beschränkt. Ganz ähnlich dem therapeutisch eingesetzten Verfahren der 'Familienaufstellung' (B. Hellinger), das mit Hilfe der Raumbeziehungen der beteiligten Personen untereinander nur die mitgeführten psychischen Verhältnisse in die Sichtbarkeit und somit in eine bessere Fassbarkeit hinein konkretisiert.

Festzuhalten ist, dass ich als Darsteller schon ein bestimmtes Verständnis des Textes mit auf die Bühne bringe, dass ich es dort aber neugierig und ergebnisoffen den räumlichen Bedingungen unterwerfe, in der Hoffnung, beim Aufeinandertreffen der verschiedenen Realitäten auf Unerwartetes, Neues zu stoßen. Dies Vorgehen ist geradezu konstitutiv für spielerisches und kreatives Schaffen. Denn das Unerwartete macht den eigentlichen Mehrwert des Kunstwerkes aus, in dem es den Menschen über seine Begrenzungen, die ihm durch das Faktische auferlegt sind, hinaushebt.

Für mich als dem Darsteller des Mystagogen wurde das Unerwartete in Gestalt des Fensters (!) bedeutsam, das in der Seitenwand der *Orangerie* den Blick in den angrenzenden Garten freigab: der in die Seite gewendete Stuhl, auf dem ich saß, ließ mir den Blick durch das Fenster nach draußen zum eigentlichen Bezugspunkt meines Spiels mit dem Text werden. Mit dem Ohr war ich zwar noch Teilnehmender am Geschehen auf der Bühne drinnen; der eigentliche Adressat meines Sprechens aber befand sich außerhalb, im Kosmos....

So empfand ich mein Sprechen unversehens ins direkte Verhältnis gesetzt zu Gott! Dies war überraschend und erschütternd zugleich. Damit hatte ich bei der Lektüre des Textes nicht gerechnet. Dies war es: das Überraschende, das Überwältigende der Inspiration, die man nicht machen kann, die einen nur hier und da gnadenvoll heimsucht.

Von diesem Moment an war es mir ohne Schwierigkeit möglich, den Aspekt des Sprechens auf Gott hin in jede Raumrichtung mitzunehmen. Im Verlauf des Spiels habe ich mich dann sehr wohl auch dem Bühnengeschehen direkt zugewandt.

Doch mein eigentlicher Bezugspunkt war immer in demjenigen Raum, der den faktischen Bühnenraum transzendierte.

Selbst durch die vielfältigen Gestaltwandlungen, die das Bühnenbild bis hin zu seiner endgültigen Kreuzform noch durchlaufen sollte, blieb dieser überzeitliche Bezugspunkt ein wesentliches Charakteristikum meines Spiels in der Rolle des Mystagogen.

Raum 505
Als wir die Proben im Raum 505 der Hochschule für Musik Köln fortsetzten, hatten wir es mit einer gänzlich anderen Raumsituation zu tun, die nicht ohne Auswirkung auf die Atmosphäre blieb, innerhalb derer sich nun der Stücktext entfalten sollte: der Raum war rundum ohne Fenster, und einzig durch eine Luke in der Decke fiel Tageslicht ein. Außerdem war der Raum kaum halb so groß wie die Orangerie, was zur Folge hatte, dass schon unsere Bühnenfläche den Gesamtraum vollkommen ausfüllte und kein Platz mehr blieb für einen Zuschauerraum. Damit entfiel für uns Darsteller auch die bislang auf ein Publikum ausgerichtete Orientierung unseres Spiels. Selbst wenn wir weiterhin dort, von wo die Regisseurin unser Tun beobachtete, einen fiktiven Zuschauerraum imaginierten, ließ sich nicht übersehen, dass die Dynamik unseres Tuns auf der Bühne sich verändert hatte: der öffentliche Raum, mit dem Publikum als herausforderndem Gegenüber, war uns abhanden gekommen. Klausur schien die treffendere Beschreibung für den Ort zu sein, der bislang für uns die Bühne war –.

Unser Blick fiel von den vier fensterlosen Wänden zurück in die Mitte des Raums. Und dort war: Nichts –, Leere –, blanker Boden und wir Darsteller, sitzend auf einer Reihe von Stühlen, die wir an den Längswänden aufgestellt hatten. An der einen Stirnseite die Regisseurin, wartend. Stille.

Tja.

Der Text in Raum 505. Warten. Stillstand. Lauschen. Das Summen einer Fliege. Es braucht nicht viel und es flimmert einem die Luft vor den Augen, dir wächst ein Colt an den Gürtel und du hörst E. Morricones berühmt gewordene Filmmusik zu 'Spiel mir das Lied vom Tod':

Die Seele, die Amme und der Mystagoge als drei Desperados in der Wüste, die auf etwas Unbestimmtes warten. Auf etwas, das sich kaum beschreiben lässt. Da sitzen sie in ihrer Einsamkeit und brüten vor sich hin und brüten vor sich hin und man weiß nicht, ob man seinen Ohren trauen kann, aber aus diesen stoischen Gesichtern tropfen hin und wieder wie Schweißperlen eigentümliche Worte:

> 'In der Kammer der Andacht saßen die Braut und ihre Amme und haben sehr freundlich über die Minne gesprochen................'.
> '...Sag mir doch, ohne Liebe kann dein Herz nicht sein..........'.
> '...Genau das bedrückt mich, denn oft habe ich erwählt, was unbeständig und veränderlich ist, und ich verlor, was meinem Herzen lieb war durch Abschied und Tod'. –

Solche Sätze aus solchen Mündern? Schnell kann dies unfreiwillig komisch wirken. Und doch, es liegt auch ein Faszinosum in diesem Gegensatz von Machismo und Innerlichkeit. Als würde die flimmernde Luft über der Wüste dem Betrachter eine ungekannte Dimension eröffnen, die wirklich – unwirklich erscheinen mag wie eine Fata Morgana, die gleichwohl aber eine Begegnung mit der Essenz des menschlichen Daseins verheißt. –

Wenn ich in diese, auf solche Art imaginierte Szene hineinhorche, scheint mir, dass die Sätze, die da gesprochen werden, auf zarte, tragisch-komische Weise anrührend sein könnten.

Wir haben in Raum 505 eine Weile versucht, diese denkbare Interpretation des Textes weiter zu verfolgen. Bald stellte sich jedoch das Gefühl ein, dass wir uns etwas zu sehr am Gängelband einer (für mich in der Tat reizvollen) Regie-Idee durch den Text arbeiteten, und das Vorhaben wurde wieder fallen gelassen.

Es lässt sich aus dieser Erfahrung im Umgang mit dem Raum und dem Text folgende Erkenntnis festhalten: Wenn etwas als charakteristisch für unsere Arbeit in der *Kammer der Andacht* beschrieben werden kann, dann dies, dass Ideen sich nicht lange gehalten haben und bald zugunsten einer persönlichen und auf das authentische Zeugnisablegen hinzielenden Auseinandersetzung der Darsteller aufgegeben wurden.

Der Bühnenbildner Manfred Schneider hat auf seinem Arbeitsgebiet dieselbe Erfahrung gemacht: Verschiedene Ideen, eine kleine Kapelle auf kreuzförmigem Grundriss für uns zu bauen, mit der Möglichkeit, Außen- und Innenräume zu thematisieren, haben sich im Verlauf der Proben als zu einengend für das je persönliche Ausdrucksbedürfnis der Darsteller und der Kommunikation untereinander erwiesen. Am Ende war die Reduzierung unseres Spielraumes auf ein schlichtes, in variable Segmente aufteilbares Holzkreuz die künstlerische Erlösung.

2.1.3. Drei Aufführungen – Rezension von Michael Plattig

Im Laufe eines Jahres konnte ich drei Aufführungen der *Kammer der Andacht* in unterschiedlichen Räumen sehen.

Die erste Aufführung in einem Versammlungsraum im Kloster der Mauritzer Franziskanerinnen, die zweite Aufführung im Kleinen Haus des städtischen Theaters in Münster und die dritte Aufführung in der Ev. Kirche in Villigst/ Schwerte.

Wenn man nun diese drei Aufführungen miteinander vergleicht, so wird deutlich, dass der Raum in dem das Stück aufgeführt wird, doch einen nicht geringen Einfluss auf die Wirkung hat. Es schien mir auch so zu sein, dass diese Wirkung nicht nur vom Raum her auf den Betrachter wirkt, sondern vor allem, dass der Raum auf die Darsteller wirkt.

Am Distanziertesten in der Darstellung habe ich die Aufführung im städtischen Theater in Münster erlebt. Am Engagiertesten war die Aufführung in der Kirche in Villigst, obwohl die Raumbedingungen dort für das Bühnenbild relativ ungünstig waren. In Villigst saßen die Zuschauer allerdings auch am unmittelbarsten am Bühnenbild. Einschränkend ist hier natürlich anzumerken, dass diese Entwicklung auch daran liegen könnte, dass die Darsteller sich im Laufe dieses Jahres in den unterschiedlichen Aufführungen immer deutlicher und immer engagierter mit ihrer Rolle identifiziert haben. So kommt unter Umständen beides, die Wirkung des Raumes und die fortschreitende Identifikation mit der Rolle, zusammen.

Dies führte gerade in der letztgenannten Aufführung im März 2006 in Villigst zu einer ganz dichten Atmosphäre, die sämtliche Zuschauer ergriff und in ihren Bann zog. Viele der Zuschauer beschrieben im Nachhinein körperliche Reaktionen, die sie beim Erleben der Aufführung hatten.

Am intensivsten für die Aufführung in Villigst aber durchaus auch generell gilt, dass die *Kammer der Andacht* ein gelungenes Beispiel dafür ist, wie ein Text, der eigentlich primär für die Lektüre gedacht war, durch die künstlerische Umsetzung ein Höchstmass an Lebendigkeit und ein Höchstmass an Wirkung entfaltet. Es ist eine gespielte, aufgeführte *lectio divina*, eine Lektüre biblischer und geistlicher Texte wie sie die Tradition christlicher Spiritualität als wichtiges Element geistlichen Lebens immer wieder beschreibt und empfiehlt.

Ein geistlicher Text wird lebendig in den Darstellern und durch deren Spiel im Betrachter. Nun bietet sich der Text von Franziskus Amelry in seiner Dialogstruktur zwischen Seele und Amme für ein solches Spiel an, allerdings ist auch zu bedenken, dass den größten Part trotz allem der Mystagoge spricht, der die Prozesse erklärt, der das, was passiert, durchsichtig macht und mit oft sehr gehäuften Beispielen und Vergleichen erläutert.

Der Inszenierung und der Regie ist es gelungen, durch die Konzentration des Spiels auf die Kreuzform des Bühnenbildes und durch das engagierte Sprechen der Darsteller diese geistliche Tradition in unserem Jahrhundert, in unserer Gegenwart lebendig zu gestalten.

Die Darsteller boten Identifikationsflächen für den Betrachter einerseits und andererseits ein Lernfeld für den Anschluss eigener Erfahrungen oder Sehnsüchte. Hinzu kommt, dass ein Lernfeld eröffnet wurde im Sinne des Kennen-Lernens geistlicher Tradition bei gleichzeitigem Angebot einer Sprachform für eigenes spirituelles Erleben, für die Versprachlichung der Erfahrungen auf dem eigenen geistlichen Weg. Dieses Miteinander und Zueinander der verschiedenen Ebenen im Rahmen der Darstellung führt zu einer komplexen Erfahrung, die in ihrer Dichte gerade auch im Kirchenraum überzeugt.

Eine wahrlich gelungene Form, einen alten, ehrwürdigen und deshalb nicht einfachen Text, mit modernen Mitteln, mit den Mitteln der Improvisation für heute nicht nur lesbar, sondern erfahrbar zu machen.

Vor allem die musikalischen Improvisationen trugen dazu bei, dass der manchmal erhebliche Textumfang etwa des Mystagogen strukturiert und unterbrochen – kreativ unterbrochen – wurde. Nicht zuletzt konnten durch den Einsatz der

Klarinette (Seele), des Horns (Amme) und der Violine (Mystagoge) die Stimmungen der Seele noch einmal musikalisch konnotiert werden, was die Wirkung auf den Betrachter deutlich unterstrich und vertiefte. Man kann den Darstellern, Lorenz Heimbrecht (Seele), Joerg Braeuker (Amme), Frank Albrecht (Mystagoge), dem Bühnenbildner Manfred Schneider, der Regisseurin Ursula Albrecht und nicht zuletzt Frau Dr. Elisabeth Hense, die diesen Text gehoben und in eine darstellbare Form gebracht hat, nur gratulieren.

2.2. Geistliche Begleitung

Unabhängig von ihren konkreten Inhalten und Methoden kann man geistliche Begleitung zunächst einmal ganz allgemein beschreiben als die Kunst, einem Menschen, dem sich die Dimension des geistlichen Lebens erschließt, nahe zu sein und ihn darin zu unterstützen, dauerhaft ein geistliches Leben zu führen. Auch in unserer Arbeit an der *Kammer der Andacht* ging es genau um diese Kunst: einen Menschen in die geistliche Dimension seines Lebens hinein zu begleiten. Geistliche Begleitung holt Menschen mitten im Alltag ab und führt sie in geistliche Räume hinein. Geistliche Räume sind Räume der Aufmerksamkeit, des intensiven Daseins vor Gott, es sind Kammern der Andacht. Geistliche Räume müssen keine Kirchen oder Klöster sein – jeder Raum kann zu einer Kammer der Andacht werden, wenn es jemanden gibt, der ihn andächtig bewohnt. Eine Kammer der Andacht betritt man nicht so sehr mit den Füßen als vielmehr mit der Sehnsucht nach der lebendigen Gegenwart Gottes.

Kann auch eine öffentliche Bühne zum geistlichen Raum werden, zu einer Kammer der Andacht? Und können Schauspieler, Sänger und Instrumentalisten auf einer öffentlichen Bühne mystagogische Qualitäten entwickeln und mit den Zuschauern heilige Geheimnisse betrachten? Sie können nicht nur, meine ich, sondern sie finden in der Hinwendung zu dieser Aufgabe möglicherweise erst ihre ganze Berufung. Denn es gibt nichts, was den Menschen so nachhaltig anzieht und erregt wie das geheimnisvolle Heilige. Jedes Spiel mit dem Heiligen bleibt einmalig, frisch und provoziert alle Beteiligten zu einer Erfahrung der Transformation. Poetische Handlungen im Angesicht Gottes aktivieren alle Sinne und stellen den Menschen in das heilige Nun hinein. Wenn das geschieht, ist auch auf der Bühne die Wirklichkeit Gottes keine Scheinwirklichkeit. Das Spiel mit Gott wird ein echtes Spiel sein: Gott ist echt und auch derjenige, der mit Gott spielt, wird zur Echtheit bewegt.

Im Folgenden soll die Regelform des gottmenschlichen Beziehungsgeschehens als Umformung unter der Variante der geistlichen Begleitung auf drei Ebenen expliziert werden: auf der Ebene des Textes, auf der Ebene der Proben und schließlich auf der Ebene der Aufführungen.

2.2.1. Der Text[28]

Amelrys *Kammer der Andacht* beginnt mit einer kurzen Regieanweisung: 'In der Kammer der Andacht saßen die Braut und ihre Amme und haben sehr freundlich über die Minne gesprochen'.[29] Damit ist von vornherein klar: Der Myste, also derjenige, der in die Geheimnisse der göttlichen Gegenwart eingeweiht werden soll, ist geistlich gesprochen Braut, das heißt Liebespartner/in Gottes; sein Gesprächspartner ist geistlich gesprochen eine Amme, das heißt eine Person, die stellvertretend, an Stelle der echten Mutter nährend und unterstützend den Prozess der geistlichen Entwicklung begleitet. Sie tut dies hier in diesem Dialog in der Maske der Heiligen Schrift, die in der christlichen Tradition als wichtigste Instanz geistlicher Begleitung gilt, tritt sie doch für den Gläubigen an die Stelle des unsichtbaren Gottes. Die Amme, die personifizierte Heilige Schrift, verkörpert somit stellvertretend Gott, die eigentliche Mutter, den eigentlichen, aber für die menschlichen Sinne unerreichbaren geistlichen Begleiter und Mystagogen, den Nährboden seines geistlichen Lebens. Die Atmosphäre zwischen der Seele und ihrer Amme lässt sich umschreiben als ungestörtes, aufmerksames und freundliches Beisammensein. Schauplatz ist der innere Raum der Stille und Aufmerksamkeit.

Das erste Gespräch beginnt mit der Frage der Amme: 'Sag mir doch, was ist es denn jetzt, das du erwählt hast?'[30] Diese offene Frage lässt der Seele allen Raum, vorzubringen, womit sie sich gerade beschäftigt. Ihr wird nichts aufgedrängt, ihr wird nichts vorgegeben. Es liegt ganz allein an ihr, was sie zum Gesprächsthema machen möchte. Die Seele nimmt die offene Einladung der Amme an; sie hat vollstes Vertrauen zu ihrer Gesprächspartnerin; sie nennt sie 'meiner geheimsten Geheimnisse Geheimnisträgerin' und will ihr ihres 'Herzens Grund'[31] eröffnen. Das Gespräch steht somit im Zeichen absoluter Aufrichtigkeit und Integrität.

Die stilisierte Gestalt der Seele dient in der Offenlegung ihrer Fragen und Unsicherheiten jedem Menschen zum Vorbild, der sich begleiten lassen will, und die stilisierte Gestalt der Amme hat in ihrem einfühlsamen Hinhören und Mitfühlen Vorbildfunktion für jede(n) menschliche(n) Begleiter(in). Zwischen beiden, der Seele und der Amme, herrscht ein Klima des Vertrauens und der Offenheit; das ist die unabdingbare Grundlage dafür, dass ein geistlicher Weg erschlossen und gefördert werden kann.

[28] Vgl. Hense, *Franciscus Amelry*, 49-67.

[29] Ibid., 113.

[30] Ibid., 115.

[31] Ibid.

Die Seele legt der Amme ihr Anliegen vor: 'so weiß ich nicht mehr, worauf ich mich niederlassen soll aus Angst vor wiederum mehr Saurem als Süßem'.[32] Und die Amme lässt sich mit viel Empathie auf dieses Anliegen ein: 'ich werde dir zeigen, was es ist, das dir nicht genommen werden kann'.[33] Mit ihrer großen, die ganze Schrift umfassenden Lebenserfahrung und Weisheit verhilft sie der Seele zu einem tieferen Einblick in ihr Inneres und weckt die dort bereits schlummernde Gottesliebe als das eine wirklich wichtige Ding, das ihr nie genommen werden kann und in dem sie alles findet, was sie jemals gesucht hat. So vermag die Seele schließlich aus eigenem Empfinden ihr Ziel anzupeilen: 'Könnte ich mich mit diesem einen sättigen, so hätte ich gefunden, was ich lange suchte'.[34] Ganz im Stil der affektiven Mystik setzt die Amme nun alles daran, die Seele immer mehr für die Gottesliebe zu entflammen und ist erst zufrieden, als die Seele ausruft: 'Ach wäre ich würdig, einen solchen als meinen Liebsten zu haben, ihn zu lieben und von ihm geliebt zu werden'.[35] Am Ende des ersten Gesprächs bestärkt die Amme die Seele in ihren Liebeshoffnungen: 'es könnte wohl noch geschehen, mahnt aber gleichzeitig auch Geduld an: so bald noch nicht'.[36]

Dann lässt die Amme die verliebte Seele zum ersten Mal allein, damit sie verarbeiten und verdauen kann, was ihr im Gespräch aufgegangen ist. Gleichsam geistig wiederkäuend und die Gottesliebe in sich zulassend, bekommt die Seele die Gelegenheit, sich alles noch einmal durch den Kopf und vor allem auch durchs Herz gehen zu lassen. Die Seele taucht ein in einen Prozess wachsender Verliebtheit in Gott, ohne dass die Amme hier sofort regulierend oder interpretierend eingreift.

Die Amme kommt zum *zweiten Gespräch* und eröffnet es mit der Frage: 'Wie fühlst du dich, wie geht es deinem Herzen?'[37] Die Seele zeigt sich daraufhin froh über die neue Gelegenheit zum geistlichen Gespräch: 'Wo bist du so lange gewesen, ich möchte gern mit dir sprechen'.[38] Die Amme verantwortet ihr Verhalten: 'ich ließ dich allein, damit du eine Weile mit deinem Bräutigam im Geheimen sprechen solltest'.[39] Damit erweist sich die Amme als kompetente geistliche Begleiterin, die sich einerseits darüber im Klaren ist, welcher Beitrag von ihr gefordert wird, die aber auch ihre Grenzen kennt und bereit ist, sich im richtigen Moment zurückzuziehen. Die Seele akzeptiert dieses Verhalten und legt der Amme dar, was sich in ihr getan hat und welche Fragen nun in ihr umgehen.

[32] Ibid., 119.
[33] Ibid., 121.
[34] Ibid., 129.
[35] Ibid.
[36] Ibid., 139.
[37] Ibid., 151.
[38] Ibid.
[39] Ibid., 153.

Wiederum ist die Amme eine empathische und sachkundige Gesprächspartnerin, die der Seele die Sicherheit zu geben vermag, dass die Liebesbeziehung zu Gott für sie durchaus eine mögliche und passende Perspektive ist. Über eine vertiefte Selbsterkenntnis und Gotteserkenntnis dringt die Seele weiter in das Geheimnis der Gottesliebe ein: 'wer bist du und wer bin ich'.[40]

Zum zweiten Mal zieht sich die Amme zurück. Die Liebe der Seele wächst nun zu einem wahren Liebesbrand. Die Seele kann sich authentisch und unkontrolliert in das Feuer der Liebe hineinbegeben. Niemand stört die Erfahrung oder verflacht sie zu einem Sprechen über etwas.

Die Amme kommt zum *dritten Gespräch*. Sie eröffnet es mit der Vermutung: 'mir scheint, dass die Funken des Feuers dich berührt und in Besitz genommen haben'.[41] Wiederum erweist sich die Amme als kompetente Begleiterin, die sieht und einschätzen kann, was in der begleiteten Seele vor sich geht. Sie ist offensichtlich vertraut mit dem Prozess, der auf einem geistlichen Weg durchlaufen wird. Dieser Sachlage entsprechend fühlt die Seele sich gut aufgehoben bei der Amme. Ihre bisherigen Erfahrungen mit der Amme sind so gut, 'dass sie sehr gern wieder mit ihr sprechen möchte'.[42] Die Amme bestärkt die Seele in der großen Liebe, die in ihr entstanden ist und versucht sogar noch, diesen Liebesbrand zu steigern. Als Begleiterin hat sie keine Angst vor der ekstatischen Heftigkeit des inneren Prozesses, der die Seele krank macht von Liebe.

Zum dritten Mal zieht sich die Amme zurück und lässt die Seele im Liebesfeuer allein. Noch intensiver gibt sich die Seele nun der Gottesliebe hin, ohne allerdings bisher Erfüllung für ihre Liebe zu finden.

Die Amme kommt dann zum *vierten Gespräch*: 'O Tochter, wie steht es um dich? Dein Bräutigam hat mich zu dir gesandt…'.[43] Offensichtlich weiß die Amme, in welch schmerzlichem Zustand sich die verliebte Seele nun befindet. Die Begegnung und Vereinigung mit dem Geliebten bleibt nämlich noch aus: 'O verwundete, lodernde, kranke Seele!'[44] Diese schmerzliche Phase der sehnsüchtigen Gottesliebe zu begleiten und mit auszuhalten, betrachtet die Amme als göttlichen Auftrag. Das Erzählen von der 'abgründigen Gnädigkeit und Gutherzigkeit des Liebsten'[45] wirkt schließlich wie berauschender, süßer Wein für die Seele.

Als die Amme bemerkt, dass die Seele nun von Gott selbst gestärkt und genährt wird, zieht sie sich definitiv zurück. Die Seele ist nun in der Lage, ohne

[40] Ibid., 167.
[41] Ibid., 183.
[42] Ibid.
[43] Ibid., 197.
[44] Ibid.
[45] Ibid., 207.

die Amme auszukommen. Ihre Liebe ist so stark geworden, dass sie sie in die Begegnung und Vereinigung mit Gott hineinträgt. Das letzte Drittel des Textes zeigt den geistlichen Weg, der ohne die Begleitung einer Amme gegangen wird.

Der Wechsel zwischen den Dialogen, die die Seele mit der Amme führt, und den Beschreibungen der geistlichen Prozesse, die die Seele im Innern durchmacht, wenn sich die Amme zurückzieht, zeigt deutlich, dass geistliche Begleitung eine Außenseite und eine Innenseite hat. In Amelrys Dialog überwiegt zunächst die Außenseite, d.h. die Dialoge mit der Amme bzw. der Heiligen Schrift stehen zunächst im Vordergrund; allmählich nimmt dann aber die Innenseite, die Liebesbeziehung mit Gott immer mehr Raum ein. Die äußere Begleitperson, die stellvertretende Nährmutter, wird sozusagen immer mehr von einer inneren Begleitperson, nämlich dem göttlichen Liebespartner, ersetzt. Der Begleiter und Mystagoge befindet sich also zunehmend im Begleiteten selbst.

Obwohl Gott selbst als innerer Begleiter der Seele in diesem Dialog zwischen der Seele und ihrer Amme nicht sichtbar auftritt, wird er doch im Laufe des Textes durch den geistlichen Entwicklungsprozess der Seele und dem damit einhergehenden Rückzug der Amme immer gegenwärtiger. Das Wort 'nur einer ist euer Meister' (Mt 23,8) lässt sich als Quintessenz des von Amelry hier stilisiert dargestellten Begleitungsverlaufs auffassen.

2.2.2. *Die Proben*

'Frank, Joerg und Lorenz sind genau die richtigen!' – Diese Aussage nach der ersten Probe (5. September 2003) hat Ursula Albrecht nicht mehr revidiert. Dass die Regisseurin es diesen drei Personen zutraute, sich in einen fruchtbaren Entwicklungsprozess hinein zu geben, erinnert an die Ausgangssituation geistlicher Begleitung: auch hier beginnt alles mit dem festen Vertrauen des Begleiters in die Entwicklungsmöglichkeiten des Begleiteten. Diesem wird zugetraut, dass er geistlich wachsen kann, dass er tatsächlich Fortschritte machen wird auf seinem geistlichen Weg. Gleichzeitig wird offen gelassen, wie weit der Begleitete kommen kann. Es wird nicht vorgegeben, welches Niveau er erreichen muss oder was er schließlich können muss. Auffällig für mich war nun, dass die Regisseurin für ihre Arbeit dieselbe Offenheit wichtig fand, die ich aus der geistlichen Begleitung kannte: auch sie wollte das Resultat nicht vorgeben. Was erreicht werden würde, war eben eine Frage der tatsächlichen Entwicklung, die stattfinden würde, und nicht eine Frage von vorgegebenen semiotischen und performativen Formen, die zu einem festgelegten Zeitpunkt möglichst bravourös gekonnt werden mussten. Die Unsicherheit darüber, wie lange eine Entwicklung dauert und was schließlich erreicht werden kann, musste also in unserer Produktion ebenso ausgehalten werden, wie das in der geistlichen Begleitung der Fall ist.

In der geistlichen Begleitung ist darüber hinaus das Vertrauen des Begleiters in Gott entscheidend: das feste Vertrauen, dass Gott selbst den Begleiteten führen wird, dass Gott selbst ihn zu sich hin ziehen wird und dass Gott selbst ihn zur Entfaltung bringen wird. Spannend war daher für mich, auch diese zweite Entsprechung zur geistlichen Begleitung in unserer Produktion vorzufinden: das Vertrauen der Regisseurin auf die Anwesenheit des Heiligen Geistes, auf das Wirken einer übergeordneten Kraft.[46] In der Theaterarbeit ist dieser Aspekt des Vertrauens auf den Heiligen Geist sehr ungewöhnlich. Dem Heiligen Geist das Feld zu überlassen bedeutet schließlich, einen Weg voller Risiken und Unwägbarkeiten zu bejahen, einen Weg anzunehmen, auf dem Theater und geistliches Leben zusammen fallen können. Wenn man diesen Weg einschlägt, weiß man um das Risiko, dass es möglicherweise zu keiner Produktion kommen wird, man weiß um das Risiko, dass, selbst wenn es zu einer Produktion kommt, eine Premiere vielleicht nach hinten verschoben werden muss, man weiß um das Risiko, dass jemand mitten im Prozess aussteigen kann usw. Solche Risiken und Unwägbarkeiten gehören nun einmal zum geistlichen Weg dazu. Zugleich ist es aber eben dieser Weg, der die Chance in sich birgt, wahrhaftig zu werden, zu sich selbst zu kommen, echt zu werden – eine Chance, die eben nur so und nicht anders ergriffen werden kann.

Mit welchem Elan und mit welcher Hingabe Künstler sich auf diesen Weg einlassen können, hat mich sehr berührt. Die Arbeit an der *Kammer der Andacht* war und blieb eine Theaterarbeit, aber gleichzeitig wagten sich die Mitwirkenden auf extreme Weise in die Wirklichkeit des Textes hinein. Soviel Zulassen, soviel Abwarten, soviel Mut wurde investiert ohne die Sicherheit, dass am Ende eine vermarktbare Produktion herauskommt.

Zurückblickend stellten wir dann fest, dass es sich für uns gelohnt hatte, sich so auszusetzen.[47] Hatten wir nun die optimale künstlerische Form für diesen Text gefunden? Wir wussten es nicht. Wir glaubten erkannt zu haben, dass es objektiv betrachtet keine optimale Form geben kann. Was es aber geben kann, ist eine passende Form für den einzelnen Menschen. Unsere Produktion ist ganz aus den Talenten und Möglichkeiten der drei Darsteller geboren. Kein anderer Mensch kann einen der drei Spieler ersetzen. Wahrhaftigkeit und Echtheit führen auch zur Einmaligkeit. Wie in der geistlichen Begleitung steht da am Ende ein Mensch, der nichts anderes und niemand anderes kopiert: er tritt einfach hervor als derjenige, der er und nur er ist.

Hatten wir mit unserer Produktion einen 'Hit gelandet', wie ein Zuschauer meinte? Möglich, aber warum sich die Arbeit für uns gelohnt hatte, ging tiefer: es hatte mit der künstlerischen Entwicklung der Beteiligten zu tun, es hatte mit der Explizierung dieser besonderen Arbeitsweise zu tun, es hatte mit der tief empfundenen Übereinstimmung zwischen einem alten geistlichen Weg und

[46] Siehe Interview mit Ursula Albrecht.

[47] Siehe Interview mit Lorenz Heimbrecht.

unserer postmodernen Lebensrealität zu tun. Das Loslassen einer von außen begründeten Haltung und Handlung zugunsten einer höchst eigenen primordialen, also ursprünglichen Formsuche – das war der innere Funken dieser Arbeit. Dieser Funke fand Nahrung in den Wegmarken eines Textes, der einer alten Tradition erwachsen ist. Im Kontakt mit Konstrukten postmoderner Beliebigkeit hingegen verlor er an Kraft. Die alten geistlichen Wegmarken wieder aufzuspüren und unsere Arbeit hieran zu entzünden, erschien uns nicht nur die Privatsache des einzelnen geistlichen Menschen, vielmehr ist das auch eine Angelegenheit der Theaterarbeit und ist am Ende darstellbar auf einer öffentlichen Bühne.

Dass primordiale, ursprüngliche Spiritualität ein uralter innerer Brandstoff ist, der Menschen lebendig macht, das wusste ich bislang hauptsächlich aus der geistlichen Begleitung. Dass derselbe Brandstoff aber auch zunehmend in der Theaterarbeit aufgespürt wird, zeigt, dass auch öffentliche, säkulare Bereiche unserer Gesellschaft sich an dieser geistlichen Verlebendigung beteiligen wollen. Hier entwickelt sich somit ein anderer Weg der Spiritualisierung als derjenige, der derzeit innerkirchlich zu gehen versucht wird.

2.2.2.1. Gespräch mit Ursula Albrecht

In den letzten Jahren beschäftigten sich weltweit viele Künstler mit spirituellen Themen und Formen. Wie sie sich ihrem Thema oder ihrer Form annäherten, war dabei jedoch sehr unterschiedlich. Für Ursula Albrecht markiert die Liebesverwundung der Mitwirkenden die Art ihrer Annäherung an Thema und Form.

Ursula, du beginnst deine Arbeit damit, auf eine Liebesverwundung der Mitwirkenden zu warten. Kannst du dieses Warten näher beschreiben und wie zeigst du es den Mitwirkenden?

Zunächst, das Warten ist eine Grundhaltung meines Lebens. Das Warten im Probenprozess äußert sich dann so, dass ich da bin, schaue, höre und schweige. Dass ich vor einer Probe keine szenischen Vorschläge machen kann und nach einer Probe gesammelte Eindrücke mitteile. Doch auch da kann es vorkommen, dass ich nichts mitzuteilen habe.

Es gibt Darsteller, die es aus diesem Grund mit mir schwer haben. Aber auch für mich ist das eine Herausforderung, denn es ist eine Konfrontation mit meiner Schwachheit. Mit meiner Ohnmacht. Das heißt, dass ich mich der Furcht, schwach zu erscheinen, nicht überlassen darf. Denn ich habe erfahren dürfen, dass meine Schwachheit meine Stärke ist.

Bis zur Wahrnehmung der Stärke muss ich meine Schwachheit aber wirklich vor allen zulassen und aushalten und darf sie nicht überspielen. Das bedeutet Einsamkeit. Also, auf beiden Seiten Einsamkeit. Wer darin zum Getrennt-von-allen-und-doch-vereint-mit-allen kommt, erfährt unaussprechliche Tiefe.

Ja, das Warten auf die Liebesverwundung kann zunächst als Schwäche erscheinen. Nach außen scheint es, als ob du nichts tust. Und tatsächlich tust du auch nichts. Du wartest ja. Aber du wirkst trotzdem – eben durch dich selbst, indem du ehrlich, absichtslos und in gewisser Weise gedankenlos wartest. Im Nichtstun entsteht der Raum für deinen Arbeitsstil.

Mein Warten muss mit dem Schweigen verknüpft sein. Ich darf beim Warten nicht denken! Wenn ich denke ist es ein Warten ohne Schweigen und damit ist eine Blokkade drin.

Auf den zweiten Blick könnte man dein Warten auf die Liebesverwundung auch als Tun verstehen: du bringst dich selbst und die Mitwirkenden schließlich in eine radikale Abkehr von äußeren Vorgaben; du weckst in allen ein Gespür dafür, wo ein Ausweichen vor der Liebesverwundung stattfindet. Du wirkst also. Du führst Regie, aber die Mitwirkenden spielen doch ganz auf dem Boden ihrer eigenen Einsamkeit. Diese Trennung zwischen den Beteiligten, die du immer wieder ansprichst, ist also eine handfeste Konsequenz deiner Art Regie zu führen. Wie kommt es dann von hier aus zu dem Vereint-Sein?

Es scheint, dass wenn wir die Einsamkeit lange genug aushalten, es zu einer Erfahrung von Vereint-Sein kommt. Diese Erfahrung ist für alle Beteiligten eine wirkliche Freude, weil sie uns in der Tiefe verbindet und nicht nur an der Oberfläche. Bis es dahin kommt, ist es schmerzhaft.

Das Aushalten der Einsamkeit erscheint mir dann wie ein zweites, tieferes Nichtstun. Du kannst wieder nichts tun und wirkst wiederum trotzdem durch dich selbst, durch die Art, in der du dabei bist. Du lässt nicht zu, dass eine Lösung ausgedacht und über die Einsamkeit ausgebreitet wird. Du verhinderst eine Lösung, die die Einsamkeit zudecken würde. So kommt mir dein Arbeitsstil vor. Was mich dabei so verblüfft hat, ist die Tatsache, dass trotz der schmerzhaften Einsamkeit der Humor so viel Raum bekommt. In den Proben wurde immer wieder viel gelacht. Ist der Humor für dich ein Arbeitsinstrument?

Der Humor ist nicht bewusst eingesetzt. Wenn ich Menschen in Situationen zwischen Dingen herumfuhrwerken sehe und höre, muss ich oft lachen. Das hat was mit der Distanz zum Außen zu tun, die sich durch die innere Abgeschiedenheit (Einsamkeit) einstellt. Ich empfinde, dass beim Humor Lachen und Weinen sehr nah beieinander liegen, ja, vielleicht sogar teilweise kurzfristig Eins sind.
Das plötzliche gemeinsame Lachen ist wie ein gemeinsames Erkennen.

Auch ein Erkennen der Liebesverwundung?

Ja, auch das. Es gibt eine Zeitlosigkeit in der Zeit, in welcher ich im Gegenüber die eigene Liebesverwundung erkenne. Da schlagen dann die Liebesfunken zusammen. Es entsteht eine tiefe Verbundenheit. Das ist, als ob Eros und Agape zusammen kommen.

Unsere Arbeit wurde dadurch sehr lebendig. Jeder spürte, dass er wirklich gewollt war. Der eigene phantasievolle Beitrag eines jeden war erwünscht und wurde auch mit viel Elan

eingebracht. Der einzelne fühlte sich frei in seiner künstlerischen Entfaltung. Er musste sich nicht den Vorstellungen eines anderen unterordnen. Alle Energie der Mitwirkenden stand somit für die gemeinsame Arbeit zur Verfügung. Keiner brauchte seine Energie darauf zu verschwenden, seine Stellung zu behaupten oder seinen Frust zu verarbeiten.
Wie schaffst du es, Ursula, dass die Kreativität der Mitwirkenden tatsächlich so zusammenwächst? Es kommt mir so vor, als wäre dein Arbeitsstil gleichzeitig eine Schulung in Menschlichkeit, also ein Einüben von Respekt und Achtsamkeit.

Ein wirkliches Zusammenwachsen kreativer Kräfte entsteht wohl aus der Gewahrwerdung der Freiheit. Ich kann da nur vertrauen und immer wieder neu die Gefangenschaft einer Seele von ihrer Sehnsucht nach Liebe unterscheiden. Mit dieser Unterscheidung können wir uns in Freiheit begegnen.

2.2.2.2. Erfahrungsbericht von Frank Albrecht

Regieführen bedeutet ja nicht nur die Anleitung des Probenprozesses, sondern beinhaltet auch, die äußeren Rahmenbedingungen für denselben zu schaffen. Dies schließt neben der Beschaffung der Finanzmittel auch die Zusammenstellung der Mitarbeiter und vor allem des Ensembles mit ein. Angefangen vom Verfassen eines Förderantrags, für den eine überzeugende Konzeption des Projektes skizziert werden musste, bis hin zu Besetzungsfragen und Überlegungen, welche Funktion die Musik bei dem vorliegenden Text einnehmen sollte, wurden solche vorbereitenden Arbeitsschritte von Ursula und mir als einem Team, nicht zuletzt auch in Rücksprache mit Elisabeth Hense als unserer Dramaturgin, vorgenommen.

Wenn es nun im Besonderen um die Beschreibung der Arbeitsweise der Regisseurin mit ihren Darstellern geht, so fällt auf, dass Ursula weitestgehend davon absieht, den Probenprozess zu kontrollieren, Anweisungen zu geben, oder eine Richtung festzulegen.

Sie bescheidet sich darin, Anteil nehmende Beobachterin zu sein, sich berühren zu lassen von den Suchbewegungen der Darsteller, und begnügt sich damit, ihnen gelegentlich aus ihrer Perspektive heraus Zeugnis abzulegen und zu erläutern, was ihr auf der Bühne wahrnehmbar geworden ist.

Auf diese Weise verhilft sie den Darstellern zu einer realistischen Einschätzung ihres Tuns im Hinblick auf die innere Wahrhaftigkeit desselben. Es kommt dort, wo Probleme oder Fragen auftauchen ein Prozess der Selbstverständigung unter den Darstellern in Gang, der es dem Einzelnen erlaubt, ganz bei sich zu bleiben und gleichzeitig das Andersartige des Partners ins eigene Spiel mit hinein zu nehmen.

Natürlich kann eine solch freilassende Arbeit nur gelingen, wenn alle Beteiligten ein hohes Maß an Verantwortung und künstlerischer Reife schon mitbringen. Denn es lässt sich leicht ermessen, wie schnell die unter Darstellern häufig anzutreffende Neigung, einen Partner zum eigenen Nutzen um sich herum zu inszenieren, die klassische Ordnungsmacht der Regie herausgefordert hätte. Da sich aber alle der unausgesprochenen Übereinkunft verpflichtet fühlten, dem Partner nicht die eigene Vorstellungswelt aufzudrängen, konnte die Selbstzurücknahme der Regisseurin zugunsten einer größeren Eigenverantwortlichkeit der Darsteller gelingen.

Einzig zum Ende des Stückes, dort wo die Seele die Gnade erlebt, mit ihrem Bräutigam zu verschmelzen, schien die Notwendigkeit gegeben, dem Darsteller der Seele einen dramaturgischen Eingriff zuzumuten, der ihn für eine Weile in die tiefste Verzweiflung stürzte: Wenn er bislang in der Rolle der Seele von sich sagen durfte: 'ich lebe jetzt nicht mehr, sondern Christus lebt in mir', so sollte jetzt der Mystagoge diese Selbstaussage der Seele zitieren, da nach dem Empfinden der Regie diese Aussage von solchem Gewicht war, dass über sie in angemessener Weise nur noch 'von ferne' berichtet werden konnte.

An dieser einen Stelle in der Inszenierung also hat Ursula, ihrem Regiestil ungemäß, dem Darsteller der Seele, Lorenz Heimbrecht, eine Vorgabe gemacht, die ihm anzunehmen sehr schwer fiel. Er trug sich kurz mit dem Gedanken, die Rolle abzugeben und aus der Produktion auszusteigen, da er sich von der Zumutung, ohne Text glaubhaft sprechend sein zu sollen, überfordert fühlte.

So bleibt am Schluss zu danken, dass auch der Schock, Aspekte einer Passion unmittelbar selbst erleiden zu müssen, getragen werden konnte.

2.2.3. Eine Aufführung – Rezension von Michael Plattig

Die Aufführung der *Kammer der Andacht* in Münster im Rahmen des Diözesanjubiläums im Jahr 2005 hat mich vor allem unter dem Aspekt geistlicher Begleitung bewegt und beeindruckt. In sehr einfühlsamer Weise wird deutlich, wie die Seelenamme immer wieder auf die Einlassungen der Seele eingeht und die Seele voran bringt. Einerseits ist sie voll Verständnis für die Seele und deren Zustände und andererseits stellt die Amme sie immer wieder in den Kontext der Schrift oder konfrontiert sie mit Texten der Hl. Schrift. Dabei werden die Schriftzitate so verwendet, dass sie den Zustand der Seele deuten helfen oder neue Entwicklungs- und Wachstumsperspektiven für die Seele eröffnet werden. Die Texte der Schrift interpretieren das Erleben der Seele und stellen es in den Kontext der positiven Zusage Gottes, den Menschen an sich zu ziehen oder einfacher der positiven Zuwendung Gottes in Liebe.

Dieser Zusammenhang wird im Spiel auf dem Kreuz in den Bewegungen zwischen Amme und Seele inszeniert. Das rechte Verhältnis von Annäherung und Abstand, von Nähe und Distanz spielen eine bedeutsame Rolle in geistlicher Begleitung und werden hier in Bewegung umgesetzt.

Die Ausdrucksform der Amme ist von Gelassenheit und Heiterkeit geprägt, die von Joerg Braeuker sehr überzeugend in Mimik und Gestik und nicht zuletzt im Tonfall dargestellt und durchgehalten wird. Auch die positive Zusage Gottes, die durch die Amme vermittelt wird, kommt vor allem auch in den gesungenen Texten sehr gut zur Geltung.

Der Zuschauer erlebt die Entwicklung der Seele hautnah mit. Lorenz Heimbrecht, der Darsteller der Seele, bringt vor allem durch sein Minenspiel und durch die Körperhaltung seinen inneren Zustand – respektive den Zustand der Seele – sehr überzeugend zum Ausdruck.

Am Anfang eher naiv, wandelt sich die Ausdrucksgestalt der Seele hin zu Reifung und Selbststand.

Der Zuschauer entwickelt ein Interesse am Weg der Seele. Er wird hinein genommen in die Entwicklung, die die Seele im Lauf des Dialogs nimmt. Es ist anziehend und bewegend, ohne voyeuristisch zu werden. Nach dem vierten Tag verstummt die Seele. Trotzdem aber drückt Lorenz Heimbrecht weiter die Entwicklung non verbal aus und führt so vor Augen, was der Mystagoge, Frank Albrecht, im Text darlegt und erklärt.

Die oft umfangreichen Texte des Mystagogen werden von Frank Albrecht spannend gesprochen, eher erklärende Teile werden nicht langweilig und der Humor, eine gewisse Leichtigkeit der Kommentare blitzt immer wieder auf. Der Weg der Seele ist ein ernsthaftes, aber nicht verbissenes Unternehmen. Die Umwandlung (*transformatio*) der Seele in Gott kennt neben schwierigen Passagen auch leichte und humorvolle Wegstücke.

An manchen Stellen bauen die Darsteller Irritationen ein, indem kurz in die Hand geklatscht wird oder eine andere, nicht unbedingt textadäquate Darstellung gewählt wird. Diese Irritationen sind wichtig, damit der Dialog, das Zueinander und Miteinander in Bezogenheit und Spannung bleiben. Denn die große Gefahr des Stückes ist es, in eine gemeinhin als frömmelnd bezeichnende Diktion abzugleiten. Es gelingt den Darstellern den Spannungsbogen zu erhalten und gerade dieser Versuchung an keiner Stelle nachzugeben.

Das Geschehen spielt sich ab auf dem Kreuz. Das Bühnenbild von Manfred Schneider, das gleichschenklige Kreuz auf dem Boden liegend, als die Spielfläche der Seele, der Amme und des Mystagogen begrenzt einerseits die Bewegungsfreiheit der Darsteller und entgrenzt aber andererseits den Raum, um den es geht. Das Kreuz, die Zuwendung Gottes zum Menschen in Jesus Christus bis zum Tod, ist das Fundament auf dem der Dialog zwischen Seele und Amme stehen. Ist sozusagen die Spielfläche für die Entwicklung der Seele in ihrer Antwort auf die Liebe Gottes. So bewirkt das Spiel auf dem Kreuz Konzentration und Weite gleichermaßen.

Es ist den Darstellern zusammen mit den Bühnenbildnern und der Regisseurin, Frau Ursula Albrecht, gelungen, in sehr eindrücklicher Weise ein Prozess geistlicher Begleitung darzustellen. Im wahrsten Sinne des Wortes auf die Bühne – nämlich die kleine Bühne des städtischen Theaters Münster – zu bringen und zwar in aller Einfachheit und Schlichtheit und gleichzeitig in der Überzeugungskraft innerer menschlicher Entwicklungen. Es ist in diesem Sinne ein alter Text und gleichzeitig eine moderne Herausforderung. Denn die Frage, die sich auch heute stellt, ist die gleiche wie zu Zeiten des Franziskus Amelry; nämlich wie antwortet der Mensch auf Gottes Liebe.

3. MITGEGENWÄRTIGE PHÄNOMENE

Das dritte Kapitel beschäftigt sich mit den 'im Außenhorizont mitgegenwärtigen Gegenständen'.[1] Das sind die gleichartigen oder entgegengesetzten, bekannten, fremden, verlorenen oder ersehnten Phänomene, die sich gleichzeitig mit dem hier zu betrachtenden Phänomen, nämlich der *Kammer der Andacht*, im selben Wahrnehmungsfeld befinden.

In seiner Phänomenologie legt Husserl dar, dass jedes Ding von einem Außenhorizont der Mit-Objekte umgeben ist. Jedes Ding ist immer nur eines von vielen Dingen, die als 'Gesamtgruppe von simultan wirklich wahrgenommenen Dingen'[2] erscheinen. Die Außenhorizontbeziehungen zu diesen vielen Dingen zeigen, was ein Objekt 'in Bezug auf andere Gegenstände ist'.[3] In der Betrachtung des Außenhorizonts eines Dinges verteilt sich das Wahrnehmungsinteresse jedoch nicht gleichmäßig über die im Feld vorhandenen Gegenstände, 'sondern es bleibt auf den einen konzentriert; die anderen werden nur soweit herangezogen, als sie in ihren Beziehungen zu ihm dazu beitragen, ihn näher zu bestimmen'.[4] Das heißt also: das Phänomen, das hier beschrieben wird, die *Kammer der Andacht*, bleibt auch in diesem Kapitel im Zentrum der Aufmerksamkeit. Jedoch wird die *Kammer der Andacht* hier als ein in-existentes Phänomen betrachtet, also als eines, das 'im offenen Horizont der Raum-zeitlichkeit'[5] zwischen vielen anderen Phänomenen existiert.

Die anderen Phänomene, zu denen die *Kammer der Andacht* in Beziehung gesetzt wird, sind andere künstlerische Formen. Genauer gesagt geht es hier um jene künstlerischen Formen, die dazu beitragen können, die *Kammer der Andacht* in ihrer Eigenheit näher zu bestimmen.

Von den vielen Mit-Objekten, die hier behandelt werden könnten, sollen drei verschiedene Objekt-Gruppen ausgewählt werden, die unser eigenes Verständnis von der *Kammer der Andacht* mitgeprägt haben: (1) das Andachtsbild *Das Herz*

---

1 Husserl, *Erfahrung und Urteil*, 115.
2 E. Husserl, *Die Krisis der europäischen Wissenschaften und die transzendentale Phänomenologie* (Hua VI). Den Haag 1954, 165.
3 Husserl, *Erfahrung und Urteil*, 115.
4 Ibidem.
5 Husserl, *Erfahrung und Urteil*, 29.

als Haus, das auf der Ausstellung *Krone und Schleier* 2005 in Bonn zu sehen war; (2) einige frühere Produktionen des MusikTheaterKoeln – *Der Opferstock* (1997), *Scala nostra* (1998), *Las Canciones* (1999),[6] *Alberts Garten* (2002) – und (3) zwei deutsche Theater-Produktionen aus der Spielzeit 2004/5 – *Die Bibel* (2004) und *Der Bus* (2005)[7] – sowie der Film *Die große Stille* (2005) von Philip Gröning.

Die Mit-Objekte machen deutlich, dass die *Kammer der Andacht* unzertrennlich mit einem Kontext verbunden ist. 'Spiritualität ist zutiefst auf einen Kontext bezogen, an den sie erinnert, in dem sie erscheint und der ihre Sprache prägt'.[8] Der Kontext ist nicht nur Dekoration und Rahmen für eine spirituelle Form, sondern formt sie vielmehr von innen her. Mehrere Aspekte lassen sich hier unterscheiden.

1. *Die Mit-Objekte als Erinnerungshorizont.* Eine spirituelle Form erinnert an andere spirituelle Formen. Die *Kammer der Andacht* erinnert z. B. an das Andachtsbild *Das Herz als Haus*. Husserl nennt dies die Aktivierung des retentionellen Bewusstseins. 'Sobald eine Form von Spiritualität entsteht, kommt die Tradition, zu der sie gehört, in Bewegung und zieht sich um die Form zusammen. Bestimmte Aspekte der Form werden dann in den Hintergrund gedrängt, andere gerade profiliert, während wieder andere neutral bleiben'.[9] Alle Mitwirkenden in unserer Produktion konnten diese Erfahrung machen: wir wurden in der Auseinandersetzung mit Amelrys Text an Bilder, Texte und geistliche Übungen aus der spirituellen Tradition des Christentums erinnert. Diese Erinnerungen verorteten unsere Arbeit in einem bestimmten Kontext. Aber nicht nur die Mitwirkenden, sondern auch die Zuschauer wurden in der *Kammer der Andacht* an andere spirituelle Formen erinnert. Am Beispiel des Andachtsbildes *Das Herz als Haus* soll der Erinnerungskontext genauer betrachtet werden.

2. *Die Mit-Objekte als Abstimmungshorizont.* Eine spirituelle Form verhält sich auf eine bestimmte Weise zu ihrem Kontext, sie stimmt sich auf ihn ab. Das MusikTheaterKoeln entwickelte in einem längeren Prozess in der Auseinandersetzung mit dem Gegenwartstheater und der Gegenwartskultur einen eigenen Stil. Dieser Stil drückt aus, wie das MusikTheaterKoeln sich einerseits an seinen Kontext anbindet und sich andererseits von ihm distanziert. 'Spiritualität situiert sich im Hinblick auf Kulturen als Inkarnation und Transzendenz, Kontinuität und Bruch, Akzeptanz und Distanz'.[10] Sobald eine spirituelle Form erscheint,

---

[6] Siehe *Grundkurs Spiritualität: Handbuch für die Kursleitung* (Hg. Institut für Spiritualität Münster), Stuttgart 2001, 30-36.

[7] Siehe u.a. Theater und Religion: *Die deutsche Bühne*. Theatermagazin (Hg. Deutscher Bühnenverein / Bundesverband deutscher Theater), 76 (2005).

[8] Waaijman, *Spiritualiteit*, 648.

[9] Waaijman, *Spiritualiteit*, 653.

[10] S. de Fiores, 'Spiritualité contemporaine', in: DVSp (1983), 1061-1078, hier 1065.

wird deutlich, in wiefern sie sich in ihren Kontext einbettet und inwiefern sie sich von ihm abgrenzt. Der Stil einer spirituellen Form äußert sich als Kontinuität bzw. Diskontinuität zum Kontext. In der Arbeit an der *Kammer der Andacht* waren die früheren Produktionen des MusikTheaterKoeln immer wieder mitgegenwärtig, wenn es um die Profilierung des eigenen Stils ging. Am Beispiel einiger Produktionen aus den vergangenen Jahren soll der Abstimmungshorizont genauer untersucht werden.

3. *Die Mit-Objekte als Erwartungshorizont.* Eine spirituelle Form erwartet andere spirituelle Formen. Die *Kammer der Andacht* erwartet andere künstlerische Formen, die sich heute im öffentlichen Raum mit dem Thema *Religion und Glaube* auseinandersetzen. Husserl nennt dies das protentionelle Bewusstsein. Eine bestimmte Zukunftsperspektive wird geöffnet, eine neue Möglichkeit wird ausprobiert und angeregt. 'Formen von Spiritualität entwerfen Zukunft'.[11] Eine spirituelle Form kann als Katalysator für neue Strömungen wirken, wenn ihr Erwartungshorizont auf die Sehnsucht der Menschen trifft. In der Arbeit an der *Kammer der Andacht* begegneten wir der Sehnsucht nach Spiritualität auf öffentlichen Bühnen und im Film. Am Beispiel zweier Theaterproduktionen aus der Spielzeit 2004/5 und einem Film aus dem Jahre 2005 soll der Erwartungshorizont genauer skizziert werden.

3.1. Das Herz als Haus

3.1.1. Bildbetrachtung

Vom 19. März bis zum 3. Juli 2005 war im Ruhrlandmuseum Essen und in der Kunst- und Ausstellungshalle der Bundesrepublik Deutschland in Bonn die Ausstellung *Krone und Schleier* zu sehen.[12] Eine kleine kolorierte Federzeichnung auf Papier in Bonn trug den Titel *Das Herz als Haus*.[13] Ursprünglich stammt diese Zeichnung aus dem Benediktinerinnenkloster St. Walburg in Eichstätt; sie wurde dort um 1500 von den Nonnen angefertigt. Heute wird sie in der Staatsbibliothek zu Berlin aufbewahrt.

---

[11] Waaijman, *Spiritualiteit*, 654.

[12] *Krone und Schleier: Kunst aus mittelalterlichen Frauenklöstern. Ruhrlandmuseum: Die frühen Klöster und Stifte 500-1200. Kunst- und Ausstellungshalle der Bundesrepublik Deutschland: Die Zeit der Orden 1200-1500.* München, Bonn und Essen 2005.

[13] Ibid., 432. Vgl. auch Karin Tebbe, 'Das Herz als Haus'. In: F.M. Kammel (Hg.), *Spiegel der Seligkeit. Privates Bild und Frömmigkeit im Spätmittelalter*, Nürnberg 2000, 200-201; und Jeffrey F. Hamburger, *Nuns as artists: The visual culture of a medieval convent*, Berkeley-Los Angeles-London 1997, besonders Kap. 4: 'The House of the Heart', 137-175.

Abb. 9. Hdschr. 417 recto, 13.6×10.4cm,
Preußischer Kulturbesitz, Staatsbibliothek Berlin

Im Vordergrund des Bildes sieht man die für die St. Walburger Miniaturen typischen Grasstauden auf gelbbrauner Wiese; im Hintergrund erkennt man einen hellblauen Himmel. Mitten auf der Wiese steht ein rotbraunes Herz. Vier Stufen führen hinauf zur schmalen, geschlossenen Tür. Eine große fensterartige Öffnung in der rechten Herzhälfte zeigt die liebende Seele in Gestalt einer jungen Frau und die göttliche Trinität, die die Seele liebevoll umfängt. Oben auf dem Herzen ruht das apokalyptische Lamm. In der rechten oberen Ecke erscheinen die 144 000 Jungfrauen: '... sie sind jungfräulich. Sie folgen dem Lamm, wohin es geht. Sie allein unter allen Menschen sind freigekauft als Erstlingsgabe für Gott und das Lamm' (Offb 14,4). Als Hinweis auf diesen Bibelvers dient das Schriftband unter den Jungfrauen: 'Die junckfrawen folgen nach dem lemmlein wo es hin geet'.

Neben der Treppe, die zum Herzen hinaufführt, befindet sich ein Schriftband, das auf 'die furcht gottes' hinweist. Dies erinnert an den Traum Jakobs: 'Er sah eine Treppe, die auf der Erde stand und bis zum Himmel reichte' (Gen 28,12). Und als Jakob aus dem Traum erwachte überkam ihn Furcht und er sagte: 'Wie ehrfurchtgebietend ist doch dieser Ort! Hier ist nichts anderes als das Haus Gottes und das Tor des Himmels' (Gen 28,17). Bernhard von Clairvaux kommentiert diesen Vers wie folgt: 'Hier, heißt es, wird Gott gefürchtet, hier ist sein heiliger und schrecklicher Name und gleichsam der Zugang zur Herrlichkeit: "Der Anfang der Weisheit ist die Furcht Gottes". (Ps 110,10)'.[14] Die Furcht Gottes ist zwar der Zugang zur Weisheit, gehört jedoch nicht ins Brautgemach hinein. Mechthild von Magdeburg macht deutlich, warum die Furcht Gottes draußen bleiben muss:

> "Was gebietest Du, Herr?"
> "Ihr sollt nackt sein!"
> "Herr, wie soll mir dann geschehen?"
> "Frau Seele, Ihr seid so sehr in mich hineingestaltet,
> dass zwischen Euch und mir nichts sein kann.
> Es ward kein Engel je so geehrt,
> dem das wurde eine Stunde gewährt,
> was Euch von Ewigkeit ist gegeben.
> Darum sollt Ihr von Euch legen
> beides, Furcht und Scham,
> und alle äußeren Tugenden.
> Nur die, die von Natur in Euch leben,
> sollt Ihr immerdar pflegen.
> Dies ist Euer edles Verlangen und Eure grundlose Begehrung;
> die will Ich ewig erfüllen mit meiner endlosen Verschwendung".'[15]

Ein kleines, helles Tier, vermutlich ein Hund, schaut hinter der Treppe hervor. Er ist mit einem Strick am runden Türklopfer der Pforte festgebunden. Der Hund könnte die Furcht Gottes verkörpern.[16] Der Hund könnte aber auch auf den Schlussteil der Offenbarung des Johannes hinweisen, wo das himmlische Jerusalem beschrieben wird, in dem der Geist und die Braut vereinigt sind: 'Draußen bleiben die Hunde und die Zauberer, die Unzüchtigen und die Mörder, die Götzendiener und jeder, der die Lüge liebt und tut' (Offb 22,15).

Im Zentrum des Herzens werden die Seele und die göttliche Trinität von einer grün konturierten Aureole umgeben. Das Motiv sieht aus wie ein großes Schlüsselloch, das den Blick auf die innige Umarmung von Bräutigam und Braut richtet. Nach draußen hin entrollt sich ein Schriftband, das bis auf die Wiese reicht: 'hie ist jesu die seel umbfachen in die arm seiner grossen unaussprechlichen lieb er ist ir geben den kuß des frids, er gibt ir das fingerlein der trew, das er sy ewigklich nit will lassen'. Zusammen mit dem Tisch im Haus und dem

---

14 Bernhard von Clairvaux, *Sermones super Cantica Canticorum*, 23. Predigt, 13. (*Sämtliche Werke lateinisch / deutsch*, Bd. V, Innsbruck 1994.)

15 Mechthild von Magdeburg, *Das fließende Licht der Gottheit I,44* (Zweite, neubearbeitete Übersetzung mit Einführung und Kommentar von Margot Schmidt), Stuttgart-Bad Cannstatt 1995, 33-34.

16 Vgl. Hamburger, *Nuns as artists*, 139.

Weinglas auf dem Tisch weist dieser Text auf das Hohelied hin: 'Mit Küssen seines Mundes bedecke er mich. Süßer als Wein ist deine Liebe' (Hld 1,1). 'Würzwein gäbe ich dir zu trinken, Granatapfelmost. Seine Linke liegt unter meinem Kopf, seine Rechte umfängt mich' (Hld 8,1-3). Auch Dtn 31,6.8 klingt an: 'Er lässt dich nicht fallen und verlässt dich nicht'. Außerdem wird angespielt auf den Friedenskuss aus den Briefen des Paulus. Vor allem in klösterlichen Gemeinschaften hat sich der Friedenskuss bis heute erhalten. Hier, innerhalb der schlüssellochförmigen Aureole, findet die mystische Vermählung zwischen Christus und der Seele statt. Der Heilige Geist in Gestalt einer Taube schwebt vor der Brust Christi. Er ist ein Sinnbild der vereinigende Liebe. Zwischen seinen Flügeln beginnt ein Spruchband, das sich mit der Rundung der rechten Herzhälfte um die Szene legt: 'der h: geist ist die lieb zusamenknipffen mit dem lieben bande ewiger verainigung'. Von der rechten Hand des göttlichen Vaters ausgehend kommentiert ein Spruchband die offenen Arme des Vaters: 'O mein ewiges lieb, bist mir willkommen'. Nach oben links weht gleichsam aus dem Schlüsselloch eine letzte Inschrift in den Himmel hinaus: 'hie geschieht die verwandlung der gerechten handt gottes das der alt mensch vernewet mensch werd mit genaden und verendert in das edel bilt christi'. Bezeugt wird hier also die Umformung der Braut, die sich im Verborgenen der göttlichen Liebesumarmung vollzieht.

Von verschiedenen Seiten wurden wir anlässlich der Ausstellung auf diese Federzeichnung aufmerksam gemacht. Man erkannte in dieser Zeichnung die *Kammer der Andacht* wieder. *Das Herz als Haus* und die *Kammer der Andacht* zeigen dasselbe: einen geistigen Innenraum, in dem die Seele einen intimen Liebesdialog mit ihrem Bräutigam führt (Mt 6,6). Da die Zeichnung etwa fünfzig Jahre früher entstanden ist als der Dialog Amelrys, macht sie deutlich, in welches geistliche Klima Amelry seinen Dialog hineingeschrieben hat. Es war ein Klima der Sehnsucht nach persönlicher geistlicher Entwicklung und individueller geistlicher Erfahrung. Ursprünglich gehörten Bild und Text in diesen Rahmen der spirituellen Emanzipation des Individuums hinein. Bild und Text waren Mit-Objekte im geistlichen Milieu: sie waren aus der gelebten Spiritualität entstanden und wirkten in die gelebte Spiritualität hinein. Jetzt, Anno 2005, sind Amelrys Text und das Eichstätter Bild erneut zu Mit-Objekten geworden: Amelrys Text wird auf einer Bühne gesprochen und das Andachtsbild der Benediktinerinnen wird in einer Kunsthalle gezeigt. Beide so nah verwandten Objekte sind also nun in den Raum der Kunst hinein gehoben. Mit anderen Worten: Sie sind heute erneut zu in-existenten Phänomenen geworden, sie werden nämlich simultan im Rahmen der Kunst rezipiert. Beide, die Eichstätter Miniatur und Amelrys Text, gehören genauer gesagt in einen Randbereich der Kunstszene, nämlich jenen, der (1) zur Entschleunigung neigt – *Das Herz als Haus* und die *Kammer der Andacht* wirken wie Durchblicke auf etwas Bleibendes – und (2) die

Exotik des Christlichen in aller Strenge ausdrückt – *Das Herz als Haus* und die *Kammer der Andacht* faszinieren durch eine bis ins Detail christlich geprägte Form.

3.1.2. Gespräch mit Manfred Schneider

Die Kammer der Andacht *und* Das Herz als Haus *zeigen dasselbe: einen intimen geistlichen Raum der Vereinigung von Gott und Mensch. Gleichzeitig zeigen beide Kunstwerke aber auch etwas Verschiedenes: in der Eichstätter Miniatur wird die Szene der unio mystica in konkrete Bildsprache gefasst, das MusiktheaterKoeln hingegen zeigt drei Männer auf einem Holzkreuz. Würde das Andachtsbild* Das Herz als Haus *sich als Bühnenbild für die* Kammer der Andacht *eignen?*

Das Andachtsbild ist sehr komplex und birgt in seiner Bildhaftigkeit den Inhalt von Amelrys Text. Was Amelry in Worten ausdrückt, ist den Schwestern im Bildhaften geglückt. Beides steht für sich in seiner Deutlichkeit. Das Andachtsbild könnte sich in einem bestimmten Zusammenhang sicherlich als Bühnenbild für die *Kammer der Andacht* eignen. Ich denke, dass damit der Text stark bebildert würde und man so eine Verdoppelung des Inhalts bekäme. Dies könnte ich mir in einem herkömmlichen Guckkastentheater (man sieht vom Zuschauerraum durch ein Portal in einen schwarzen Theaterraum, in dem Bild und Handlung getrennt vom Betrachter stehen) durchaus als surreale Bildsprache zum Text vorstellen. Ich glaube aber, dass es uns vom Wesentlichen ablenken würde. Durch das Hören des Textes entstehen diese Art Andachtsbilder ja in jedem einzelnen auf ganz eigene Weise; jeder Betrachter kann dadurch da abgeholt werden, wo er mit seinem Verstehen und Empfinden steht. Die Verwendung eines solch starken und deutlichen Bildes im Theater würde die Entstehung des eigenen Andachtsbildes der Zuschauer doch sehr stark bestimmen. In der Form, wie wir die *Kammer der Andacht* spielen, wäre es meiner Meinung nach nicht hilfreich, so deutlich zu bebildern, was sowohl darstellerisch als auch textlich getan und gesagt wird. Das Kreuz in der *Kammer der Andacht*, das ja mitten im Raum liegt, einem Raum, der den Betrachter mit einschließt, ihn zum Bestandteil des zu Erfahrenen macht, stellt eine direkte Verbindung von Betrachter und Dargestelltem her, die unmittelbar auf das Zentrale hinführt: den Inhalt des Textes.

Ist Das Herz als Haus *eher ein weibliches Bild, gemalt von Frauen für Frauen, während das Kreuz in der* Kammer der Andacht *eine eher männliche, strenge Ausstrahlung hat und deshalb gut zu männlichen Darstellern passt?*

Ich weiß nicht, ob man hier von männlich und weiblich sprechen kann. Ich glaube, beides ist aus einem ganz anderen Bedürfnis heraus entstanden. Das Bild selbst spricht für sich: ist Bild und Text zugleich. Während das Kreuz nur der Rahmen, die Klammer für das ist, was dargestellt werden soll. Es soll das Wesentliche zur Mitte hinführen. Das Kreuz würde genauso gut mit weiblichen Darstellern funktionieren. Es ist in sich eine Form, die geschlossen und doch offen ist, sowohl für das Weibliche wie auch für das Männliche. Es führt immer zur Mitte hin, also zu Gott und das ist uns allen, sowohl Frauen und Männern, gleich. Das Kreuz ist in der *Kammer der Andacht* wie ein schlichter Rahmen für das Andachtsbild.

3.2. Vorausgegangene Produktionen des MusikTheaterKoeln

Seit 1997 widmet sich das MusikTheaterKoeln explizit der Auseinandersetzung mit den Schriften christlicher Mystiker. Dies erfolgt meistens in der Sprache neuen Musiktheaters durch die Zusammenarbeit mit verschiedenen Komponisten bzw. Musikern. Die szenische Arbeit steht durchweg auf der Grundlage der Improvisation. Dadurch wird jede Aufführung zum Ereignis, das den lebendigen Augenblick sucht. Für die verschiedenen Produktionen werden Künstler aus verschiedenen Sparten engagiert. Gelegentlich wirken auch Ordensleute mit.

3.2.1. Der Opferstock

Zum ungekürzten Text der Predigt *Nolite timere eos* von Meister Eckhart schuf Christoph Maria Wagner 1997 eine dreiteilige Komposition. Flöte, Klarinette, Trompete, Gitarre und Klavier sowie fünf Sänger und ein Schauspieler waren beteiligt. Bis zur Premiere wurden zwei Teile der Auftragskomposition fertig, den dritten Teil trug der Schauspieler Frank Albrecht als gesprochenes Wort vor. Erst später vollendete Wagner seine Komposition um den dritten Teil, jedoch hat das MusikTheaterKoeln das fertige Stück nie mehr gespielt.

Inhaltlich geht es in der Opferstockpredigt um ein Thema, das Eckhart oft behandelt hat: um den Unterschied zwischen der ungewordenen Gottheit und dem werdenden Gott. Von Gott kann der Mensch sprechen, von der verborgenen Gottheit nicht, weil die Gottheit eins ist in sich selbst und nicht von außen als ein Gegenüber wahrgenommen werden kann. Besonders hatte es dem Komponisten der Satz aus der Predigt angetan, dass Gott sich selbst schmeckt und in diesem Schmecken alle Geschöpfe schmeckt, jedoch nicht als Geschöpfe, sondern als Gott. Diesen Satz komponierte Wagner als anhaltendes stehend-durchdringendes Schmatzen.

Das Stück ist leidenschaftlich, humorvoll, stellenweise schmerzhaft zerrissen. Es drückt die Fremdheit der Gottheit aus, seine unbegreifliche Ungeschöpflichkeit. Zugleich zeigt es Menschen, die nicht wissen, wie sie mit der unfassbaren Gottheit umgehen können. Manchmal wird der komödiantische Weg gewählt, manchmal auch erotische Bilder oder mit der Tiefe verbundene Übertreibungen, die zu skurrilen Formen führen. Zwischen all dem gibt es Augenblicke, in denen geistliche Erfahrungen erahnbar werden, z. B. ein geistliches Erschaudern und Geschüttelt-Werden.

Abb. 10. *Der Opferstock*. Foto: Johannes Haas

Die Inszenierung nimmt den Text auf jugendliche Weise in den Leib. Die Lebendigkeit dabei mag manchen Zuschauer überraschen, passt aber zu Meister Eckhart, der von sich selbst sagte, er würde jeden Tag jünger. Immer jünger wird der Mensch, der zur Gottheit durchbricht, d. h. nämlich in seinen lebendigen Ursprung zurückkehrt: dahin, wo das Leben immer neu zu sprudeln beginnt. U. a. die Ahnung dieser mystischen Jugend macht die Produktion so reizvoll.

3.2.2. Scala nostra, die Himmelsleiter

Die Leiter zum Paradies von Johannes Klimakus und Äußerungen Kölner Kirchgänger zum Thema *Himmelsleiter* waren das Ausgangsmaterial dieser Produktion aus dem Jahre 1998. Genauer gesagt ging es um die Kapitelüberschriften der *Leiter*, die den persönlichen Aussagen der befragten Kirchenbesucher gegenübergestellt wurden. Aus der szenischen Arbeit mit diesem Material entwickelten die drei Mitwirkenden (ein Koloratursopran, ein Bass und ein Schauspieler) unter der musikalischen Leitung des Komponisten Andreas Daams eine äußerst leichtfüßige und freie musikalische Form. Die Sänger tragen etwa die Hälfte der dreißig Kapitelüberschriften aus der *Leiter zum Paradies* vor, während der Schauspieler zwischendurch improvisierend aus dem Pool der gesammelten Äußerungen der Kölner Kirchgänger zitiert. Wenngleich also das Textmaterial selbst nur eine Gegenüberstellung der unterschiedlichsten Aussagen zum Thema *Himmelsleiter* anbietet, erfinden die Darsteller immer wieder spielerisch kleine Handlungselemente, die den Worten überraschende Bezüge und Deutungsmöglichkeiten eröffnen. So sieht man, wie sich die drei Darsteller wiederholt auf Wanderschaft begeben, – einer von ihnen macht auf halber Strecke Picknick –, es gibt Streit um das Würstchen, es ereignen sich kleine Dramen von Bedrohung, Zurechtweisung, Flucht, von derber Sexualität, von Zärtlichkeit und Tröstung. Kurz, man wird Zeuge einer Abfolge von Kleinst-Dramen des alltäglichen Lebens, die die Kluft zwischen Anspruch und Wirklichkeit humorvoll offen legen.

Abb. 11. *Scala nostra.* Foto: Ursula Albrecht

In dieser Produktion spiegelt sich, was von geistlichen Prozessen immer wieder bezeugt wird: nach der ersten Faszination von Gott und dem ersten Feuer der Gottesbegegnung steht der Mensch vor der Herausforderung, die geistliche Wirklichkeit in seinen Lebensalltag zu integrieren. Das erscheint oft als unmögliche Aufgabe. Im wirklichen Leben finden dann manchmal dramatische Einbrüche und Zusammenbrüche statt. Die Regisseurin suchte in dieser Produktion jedoch nicht den Weg des schmerzlichen Ringens, sondern nähert sich der Sache, um die es geht, mit humorvoller Leichtigkeit. Die Mitwirkenden agieren beinahe durchweg komödiantisch. Auch das Bühnenbild, vier Holzbretter als Holzgeviert mit einem kleinen Baum des Lebens in der Mitte, sowie die Kostüme und Requisiten tragen zur Skurrilität bei. Zwischendurch gibt es einzelne ernsthafte Momente, in denen der Zuschauer plötzlich einen Durchblick auf den geistlichen Weg erhalten kann. Vor allem der Schluss, die Aussage eines Franziskaners zum Thema *Himmelsleiter*, wendet die Komik subtil zur Glaubensbewegung. Aber auch hier wird das Stück nicht schwer: die sprachliche Unbeholfenheit balanciert sehr fein zwischen Ernst und Übertreibung.

Interessant ist, dass vor allem die ersten fünfzehn Kapitelüberschriften vorgetragen wurden. Das sind die Stufen, die hinabführen zum tiefsten Punkt der Wollust. Zu den anderen Stufen, also denen, die hinaufführen, kam das Ensemble nicht mehr, weil der Spannungsbogen nicht länger als etwa 90 Minuten gehalten werden konnte. Möglicherweise spielte hier aber auch ein zweiter Grund mit, dass nämlich die aufsteigenden Stufen des geistlichen Weges noch hinter dem Horizont verborgen waren.

Wie im *Opferstock* wird auch in diesem Stück mit dem äußeren Reiz des Textes gespielt. Die Kapitelüberschriften lassen sich über die Kommentare der Kölner Kirchgänger ins Komische kippen, aber auch umgekehrt schaukelt und federt der Humor plötzlich einen ernsten Augenblick herbei. Beide Wortreihen, die gesungenen Kapitelüberschriften und die gesprochenen Kommentare, korrespondieren mit den wippenden, kippenden und hart aufschlagenden Brettern des Bühnenbildes. So wurde die *Scala paradisi* oder die *Klimax tu paradeisu*, wie es im griechischen Urtext heißt, zur *Scala nostra*, zu *unserer* Himmelsleiter, also zu einer Leiter, die *wir* Heutigen besteigen können.

3.2.3. Las Canciones

1999 brachte das MusikTheaterKoeln die Kammeroper *Las Canciones* heraus. *Der geistliche Gesang*, von dem der Autor Johannes vom Kreuz selbst immer als *Las Canciones* sprach, ist die textliche Basis dieser Produktion. Viele Bilder des *Geistlichen Gesanges* sind dem alttestamentlichen *Hohenlied* entnommen. Das *Lied der Lieder*, wie dieses auch genannt wird, stellt die Liebe Gottes zu seinem Volk und umgekehrt die Liebe Israels zu seinem Gott wie ein Verhältnis zwischen Bräutigam und Braut dar. So jedenfalls legten es die jüdischen Schriftgelehrten aus, und die frühen Kirchenschriftsteller folgten dieser allegorischen Deutungsweise, nur wurde das Hohelied bei ihnen zu einem Bild der mystischen Hochzeit zwischen Christus und der Kirche oder zu einem Bild der mystischen Vereinigung der Seele mit Gott. Kein anderes Buch des Alten Testamentes hat auf das Verständnis der unio mystica einen größeren Einfluss gehabt als das Hohelied. Durch seine Lektüre wurde nicht nur Johannes vom Kreuz, sondern vor ihm und nach ihm auch viele andere Mystiker und Mystikerinnen zu eigenen Dichtungen oder mystischen Abhandlungen über die unio mystica inspiriert.

Abb. 12. *Las Canciones*, Foto: Wolfgang Weimer

Für Ursula Albrecht (Regie) und Andreas Daams (Komposition) wurde die Beschäftigung mit dieser Materie zur ernsthaften Wendung nach innen: die brennende Sehnsucht nach dem göttlichen Bräutigam stand nun auf der Bühne. Ganz ohne Komik und Distanz drückten Text und Musik die Hingabe der Seele an Gott aus. Die Sängerinnen näherten sich diesem Thema über die fertige Komposition an. Ab einem gewissen Zeitpunkt in der Probenarbeit, als nämlich die Hingabe der Sängerinnen größer wurde, entwarf der Bühnenbildner ein Seelenhaus aus Tüll, in dem die Sängerinnen sich verbergen konnten. Da sie nun Scham empfanden und empfindlich wurden, brauchten sie diesen Schutz. Innerhalb des Seelenhauses konnten sie sich mehr auf den Text und die Musik einlassen, was dann in ihrem Gesang hörbar wurde. Die vier Celli und der Dirigent blieben außerhalb des Seelenhauses, so dass die Verborgenheit der liebenden Seele noch eindrücklicher wurde.

Die Arbeit an dieser Produktion war für Ursula Albrecht so anstrengend, dass sie zunächst keine weiteren Projekte mehr in Angriff nehmen wollte. Die Kämpfe um das Verstehen des Textes und die Verweigerungen der Mitwirkenden auf Grund fehlender Erfahrungen, die Phasen des Zweifels, des Misstrauens, des Aussteigen-Wollens – dies alles führte dazu, dass in den folgenden beiden Jahren keine neuen Produktionen entstanden. Ein innerer Grund hierfür mag aber auch darin bestanden haben, dass sich durch den tieferen Umgang mit einem mystischen Text das Aktzentrum zu verschieben beginnt: das eigene Machen wird allmählich losgelassen zugunsten eines Bewegt-Werdens vom göttlichen Bräutigam her.

3.2.4. Alberts Garten

Erst im Jahre 2002 entstand eine weitere Produktion: eine sehr einfache, unaufwendige, erholsame Arbeit für zwei Personen und eine Nachtigall. Texte aus *De animalibus* und *De vegetabilibus* sowie aus weiteren Schriften des Albertus Magnus waren der Ausgangspunkt. Pater Willehad P. Eckert OP sprach den Part des Heiligen Albertus Magnus und der Schauspieler Frank Albrecht gab einen Menschen unserer Tage, der sich wissend und neugierig offen dem großen Heiligen und Gelehrten annäherte. Zwischen beiden 'entspann sich ein tiefgründiges, geistreich pointiertes und oft witzig amüsantes Wort-, Satz- und Gedankenspiel, das dem Publikum Augen, Ohren, Herz und Verstand aufgehen ließ. Über allem schwebte die Stimme der Nachtigall und die Erkenntnis, dass der Mensch wie der Fisch möglicherweise mit dem Bauch, mit dem Körper, sogar besser hören kann als mit den Ohren'.[17]

[17] Siehe Rezension vom 18. November 2003 im *Eichstätter Kurier*: 'Pointiertes Gedankenspiel in „Alberts Garten"'.

Abb. 13. *Alberts Garten*. Foto: Ursula Albrecht

Ursprünglich sollte diese Arbeit auf dem Rheinspektakel (2001) gezeigt werden: einem groß angelegten Projekt, das letztendlich jedoch nicht zustande kam. Das MusikTheaterKoeln entschloss sich daraufhin, das Projekt ohne fremde Geldmittel aus eigener Kraft herauszubringen. Für Ursula Albrecht war es ein entspanntes und unkompliziertes in das Sein und Wissen Pater Willehads und Frank Albrechts eingebettetes Arbeiten: eine einfache, fruchtbare Verbindung zwischen Theater und Leben.

3.3. Theater und Film zum Thema **Religion und Glaube** *in der Spielzeit 2004/5*

Das MusikTheaterKoeln wandte sich bereits der christlichen Mystik zu als viele Theaterleute Religion und Glauben noch lange nicht in den Blick genommen hatten. 1998 fand in Hannover erstmals das internationale Festival *Scena – Theater und Religion* statt, das seither im Zwei-Jahres-Rhythmus wiederholt wird. 'Mit Theatergruppen aus unterschiedlichen Religionen und verschiedenen Kulturen, mit Theaterpraktikern und -wissenschaftlern, Theologen und Ethnologen wagen wir uns in das komplexe und komplizierte Geflecht von Theater und

Religion, künstlerisch, wissenschaftlich, forschend', schreiben Ingrid Hentschel und Klaus Hoffmann in ihrem Vorwort zum ersten Band der Reihe *Scena – Beiträge zu Theater und Religion*, der 2004 erschien.[18] Das MusikTheaterKoeln wurde 2000 mit *Las Canciones* zum Scena-Festival nach Hannover eingeladen, das in jenem Jahr im matching mit der Expo veranstaltet wurde.

In der Spielzeit 2004/5 beschäftigten sich in Deutschland besonders viele Produktionen mit Religion und Glaube. Nicht nur die freie Theaterszene, sondern sogar die großen Häuser wagten sich an dieses Thema heran. Einen besonderen Schub bekam die Auseinandersetzung mit der Religion auf deutschen Bühnen durch die Wahl eines deutschen Papstes im Frühling 2005. Interessant sind für uns hier vor allem zwei Produktionen, die in einem deutlichen Kontrast zur *Kammer der Andacht* stehen: (1) *Die Bibel* am Maxim Gorki Theater und (2) *Der Bus* am Thalia Theater Hamburg. Was in der *Kammer der Andacht* als zentrales Wahrnehmungsinteresse der Spiritualität formuliert wurde, nämlich die lectio divina und die geistliche Begleitung, fehlt in diesen beiden Produktionen. Es fehlt nicht etwa deshalb, weil es bewusst ausgeklammert oder abgelehnt wird, sondern es fehlt ganz einfach darum, weil es tatsächlich abwesend ist. An die Stelle der lectio divina oder der geistlichen Begleitung tritt in den betreffenden Produktionen ein Vakuum.

Ganz anders verhält es sich mit (3) dem Film *Die große Stille*. Interessant ist für uns die strenge spirituelle Form dieses Films, die weder pastoral noch kulturell vermittelt wird: 'Der Film ist eine sehr strenge, fast stumme Meditation über das Klosterleben in sehr reiner Form. Keine Musik, bis auf die Gesänge der Mönche, keine Interviews, keine Kommentare, kein zusätzliches Material', heißt es auf der offiziellen Webseite.[19] Auch die *Kammer der Andacht* verzichtet auf eine pastorale oder kulturelle Vermittlung: die Form wird in Strenge und Klarheit vor den Zuschauer hingestellt und wenn er sie verstehen will, muss er sich selbst darum bemühen.

3.3.1. Die Bibel am Maxim Gorki Theater

Von Anfang Oktober bis Weihnachten 2004 inszenierte Bruno Cathomas das Projekt *Die Bibel. Eine Sinnsuche in fünf Teilen.*[20] Die Abende standen unter den Themen: 'Die Schöpfung', 'Law and Order', 'Helden', 'Propheten' und 'Apokalypse'. Jedes Thema wurde in einer festen Rollenkonstellation angegangen: als Frau, Mann, Gut, Böse und Es näherten sich Anya Fischer, Bettina Hoppe, Niels Bormann, Thomas Müller und Christian Sengewald ihrem Stoff. Die

[18] Hentschel & Hoffmann, *Theater – Ritual – Religion.*

[19] Siehe: diegrossestille.de

[20] Siehe die ZDF-Dokumentation zu diesem Projekt vom 28. 8. 2005, 21.35-22.20 Uhr.

Annäherungen geschahen stark leserorientiert: Keiner der Mitwirkenden verstand die biblischen Texte wirklich, keiner hatte auch nur die geringste Ahnung von exegetischem Handwerk und der jahrhundertealten Tradition biblischer Hermeneutik. Die meisten waren allerdings in ihrer Kindheit, wenn auch eher flüchtig, bestimmten biblischen Motiven schon einmal begegnet. Die Texte oder Textfetzen aus der Bibel sollten aber auch gar nicht in ihrer historischen, literarischen oder spirituellen Bedeutung erfasst werden, sondern dienten eher als exotischer Reiz, auf den man sich heftig, wild und unbedarft einen eigenen Reim machen konnte. Verse der Bibel wurden mit eigenen Erfahrungen, mit Sprüchen aus dem aktuellen Leben und vor allem mit Assoziationen aus Film, Fernsehen und Show-Geschäft versetzt. 'So erhellten die fidelen Nummernrevuen die Heilige Schrift (...) kaum. Auf die gewaltige Symphonic von der Genesis bis zur Apokalypse reagierten die fünf Darsteller (...) vorrangig mit Gebrüll, Geplapper und szenischem Gedöns'.[21] Ungefähr alles, wozu die lectio divina anleitet, wurde in dieser Inszenierung brüskiert. Dass dies jedoch nicht bewusst geschah, sondern eine Leerstelle deutlich machte, war für uns das Interessante an dieser Produktion.

'Für den Regisseur wie für seine Mitstreiter (...) war die Bibel einfach ein tolles Füllhorn mit Abenteuern und Leidenschaften, die kühn die Unverbindlichkeit des Alltags übertrumpfen'.[22] Die Sehnsucht nach starken, leidenschaftlichen Stoffen schien also das Faszinierende dieses Programms zu sein. Die Bibel wurde als Pool genutzt, dem man skurril Fremdes, schamanisch wirkende Affekte und gläubigen Eigensinn entnehmen konnte, um sich daran – vor allem physisch – abzuarbeiten. Rohes Hackfleisch, rote Soße, Gemüsesaft und Mehl kamen zum Einsatz. Das Publikum wurde angemacht, beschimpft und in allerlei Albernheiten einbezogen. Inhaltlich war Chaos angesagt, der Form nach sollte es immer extremer werden. Doch trotz aller Oberflächlichkeiten hat Cathomas mit den kräftigen Bibelversen einen Sehnsuchtshorizont aufgerissen: 'Die rund hundert Sitzplätze waren durchweg und auffällig jung belegt, das Rahmenprogramm mit Bibel-Party, Bibel-Lounge, Bibel-Corner gut frequentiert'.[23]

3.3.2. Der Bus[24] am Thalia Theater Hamburg

Am 29. 1. 2005 wurde unter der Regie von Stephan Kimmig *Der Bus* von Lukas Bärfuss uraufgeführt. Hauptperson ist die junge Erika, die, wie sie sagt, eine

[21] Irene Bazinger, 'Wo der Glaube hinfällt. Lebt Gott im Theater auf? Ein Streifzug über die Berliner Bühnen', in: *Die deutsche Bühne* 76 (2005) no.6, 24-27, hier 25.

[22] Ibidem.

[23] Ibidem.

[24] Lukas Bärfuss, *Meienbergs Tod, Die sexuellen Neurosen unserer Eltern, Der Bus*, Göttingen 2005.

Liebesgeschichte mit Gott hat. Dieser hat sie dazu auserwählt, ihn im polnischen Tschenstochau zu treffen, doch Erika sitzt, im übertragenen wie im wörtlichen Sinn, im falschen Bus. Nun fährt sie mit einer Gruppe sinnentleerter, lebensmüder Zeitgenossen zu einer sehr speziellen Kur: irgendwann und irgendwo soll der Busfahrer sie alle mit dem Bus in eine tiefe Schlucht stürzen.

Erika wehrt sich jedoch und will ihre Mitreisenden zum Glauben bewegen; sie verspricht ihnen einen Gott, der hilft und alles gut werden lässt. Obwohl nie ganz klar wird, ob ihr wirklich geglaubt werden kann, ist die Kraft erstaunlich, die von ihr ausgeht. Erika ist, wie der Spiegel schreibt, 'fragil und dennoch taff, unerbittlich in ihrer physischen Präsenz, penetrant überzeugt und fordernd, äußerlich sanft und sensibel, dabei beinhart wenn's um die Essenz ihrer Religion geht'.[25]

Später gelangt Erika schließlich, wenn auch verspätet, doch noch nach Tschenstochau. Dass sie im Text nun gegen 'schwarze Ikonen-Fälscher und böse Islamisten hetzt, unterschlägt die Uraufführung wohlweislich. Aber warum nur? So dicht ist doch dieser Text einem der wichtigsten Forschungsgegenstände gegenwärtiger Gesellschaften auf der Spur: mit der Frage, ob Glauben auch uns wieder nützen könnte; und wenn ja, wozu – angesichts der massiven Religionsbehauptungen, die aus anderen Religionen mit fundamentaler und zuweilen terroristischer Unvorhersehbarkeit und Härte auf uns einstürzen',[26] kritisiert Michael Laages. Im Grunde erzählt Lukas Bärfuss, so meint auch der Spiegel, die 'widerborstige und kompromisslose Geschichte, die im Kern nur von der gnadenlosen Konsequenz handelt, die die Religion fordert'.[27]

Aber auch ohne das brisante Thema des religiösen Fundamentalismus wie im Text in die Inszenierung hineinzunehmen, wird klar, was das eigentliche Problem in diesem Stück ist: es fehlt einer, der in Glaubenssachen zuverlässig und kompetent begleiten kann. Geistliche Begleitung kommt in dieser Geschichte nicht vor. 'Die Menschen bewegen sich unsicher in ihrer Welt, und wenn sie ohne spirituelle Führung über sie hinaus blicken wollen, kann das zum Tod führen', fasst wiederum der Spiegel zusammen. 'Schmerz und Sektierertum, Angst und Vertrauen, das Gute und das Böse – die religiösen Themen wachsen hier wie selbstverständlich aus den Dialogen heraus, als Symptom, wie eine Neurose, wie eine Krankheit. Das ist eine kleine Grammatik des Spirituellen in Zeiten des Postatheismus. Über allem steht ein merkwürdiges Paradox: Wir können nicht mehr

[25] Siehe Pressen Archiv zu Lukas Bärfuss, Der Bus, 29.1.2005, Thalia Theater, Hamburg: http://www.hsverlag.com

[26] Michael Laages, *Reine Glaubenssache?* Eine Sendung in dradio.de vom 30. 1. 2005,17.30 Uhr.

[27] Siehe Presse Archiv zu Lukas Bärfuss, Der Bus. Ibid.

an den Glauben glauben, aber er hat uns fest im Griff', schreibt die Frankfurter Rundschau.[28]

3.3.3. Die große Stille[29]

3.3.3.1. Projektskizze

Etwa sechs Monate lang lebte der Regisseur Philip Gröning in den Jahren 2002 und 2003 in der Grande Chartreuse, dem Mutterkloster des Kartäuserordens in den Französischen Alpen. Während dieser Zeit wohnte er wie die Mönche in einer kargen Zelle, betete mit ihnen und ging, wie die anderen Mönche auch, seiner Arbeit nach – in seinem Fall dem Filmemachen. Seitens der Grande Chartreuse gab es für die Dreharbeiten keine Auflagen, außer diesen: kein künstliches Licht, keine zusätzliche Musik, keine Kommentare, kein zusätzliches Team.

So entstand ein etwa 160 Minuten langer Film, in dem vor allem die Stille und die Zeit zum Thema wurden, aber auch die Angstfreiheit, die Bedeutung der Wiederholung, die Konzentration, die Wahrnehmung und der Sinn des Tuns.

Der Zuschauer blickt in die offenen Gesichter der Mönche, die nichts vorspielen. Er folgt ihrem täglich wiederkehrenden Tun, das Einfachheit ausstrahlt. Er lauscht auf die Stille und spürt die Zeit, von der mit keiner Geschichte abgelenkt wird.

3.3.3.2. Gespräch mit Ursula Albrecht

Spannend finde ich in diesem Film, dass die Mönche ihr eigenes Leben zeigen. Das Leben der Kartäuser ist ein strenges Gemeinschaftsleben. Es hat eine Form, die inzwischen mehr als tausend Jahre überdauert hat. Das ist für Außenstehende faszinierend. Auch die Kammer der Andacht hat eine strenge Form.

Ja, die Strenge liegt in der persönlichen Wahrhaftigkeit. Je wahrhaftiger ein Mensch ist, umso strenger wird er im Allgemeinen von seinen Mitmenschen wahrgenommen. Strenge heißt Abgrenzung und es heißt: Gemeinschaft mit Gleichgesinnten.
Es heißt Verborgenheit. Die Strenge hütet das Feuer der Liebe im Verborgenen. Da kommt das Lachen aus den Tränen. Die emotionalen Verwicklungen sind nicht mehr im Zentrum.
Das hat die Kraft der Einheit und ist dadurch anziehend. Diese Kraft wird in dem Film deutlich. Die Verborgenheit hat Philip Gröning deutlich gemacht, indem er Stunde um Stunde das Innere und Innerste umkreiste. Bis auf drei Einstellungen, finde ich. Da lugt er tiefer hinein. Da kann es ein Erschrecken geben.
Die eine Einstellung zeigt drei oder vier sehr alte Mönche im Chorgestühl. Einer davon, mit langem weißen Bart, hält einen sehr großen, dunklen Rosenkranz vor

[28] Siehe Presse Archiv zu Lukas Bärfuss, Der Bus. Ibid.
[29] Siehe: diegrossestille.de.

seinen Leib und mit hoch erhobenen Armen über seinen Kopf. Die hoch gestreckten alten Arme sind wie ein unentwegtes Rufen nach Gott. Er ist wohl zum Rosenkranz geworden. 'Was der Mensch liebt, das ist der Mensch….'.. Darüber bin ich nachhaltig erschrocken, weil dieser Anblick einen Einblick in die Gewaltigkeit der Glaubensbefähigung des Menschen, des Christentums gibt, also über die Macht der Liebe und über die Tradition des Christentums etwas aussagt.
Das Leben und Sterben Christi wird dort, körperlich sichtbar, geliebt und somit anteilig verkörpert. In dieser Tiefe stellt sich auch ein Zusammenhang zwischen den Religionen her. In dieser Tiefe beziehungsweise Höhe, begegnen sich die Religionen. Judentum, Islam, Buddhismus, Hinduismus. Da wird das Herz sichtbar. Das Zentrum. Die Liebe.
Die zweite Einstellung ist ein erblindeter Kartäuser. Dieser sagt, dass er Gott schon öfter für seine Erblindung dankte und dass Gott schon weiß, was für seine Seele gut ist, also warum er ihm diese Blindheit gegeben hat.
Die dritte Einstellung ist die liebevolle und langsame Salbung des Leibes eines sterbenden Kartäusers durch einen jungen Mitbruder. Das Gesicht des Alten ist wie eine klaffende Wunde. Die Gebrechlichkeit ist sichtbar, der Tod ist anwesend, aber auch die Freude auf das kommende. Natürlich spreche ich, wenn ich von diesem Film spreche, auch über mein Leben, über meine Theater-Arbeit, über die *Kammer der Andacht*. Und das ist wohl auch die Verbindung. Vielleicht darf ich auch sagen, dass wir dasselbe wollen und dasselbe abweisen, wie es die Alten formulierten: *Idem velle atque idem nolle.*

Philip Gröning sagt, dass es den Mönchen keinesfalls darum geht, mit dem Film Die große Stille Reklame für ihr Leben zu machen. Die Mönche leben ihre Form des geistlichen Lebens einfach deshalb, weil es für sie selbst eine gute Form ist. Und das kann dann auf andere anziehend wirken. Wie siehst Du Deine Arbeit in diesem Zusammenhang? Du dokumentierst nicht einen geistlichen Alltag, sondern bringst ein Stück auf die Bühne. Du lässt dich auf Gastspiele an verschiedenen Orten und in verschiedenen Kontexten ein.

Es scheint wohl meine Aufgabe zu sein, mitten in der Welt ein geistliches Leben leben zu müssen. Ja sogar vom äußeren Rande des Theatergeschehens aus, von der Mitte sprechen zu sollen. Das ist eine Freude und ein Schmerz und eine Narrheit. Zwischen dem geistlichen Leben der Kartäuser und den Vorstellungen von der *Kammer der Andacht* gibt es demnach eine Gemeinsamkeit, nämlich das ganz auf Gott hin ausgerichtete Beziehungsgeschehen. Ohne der oft üblichen inneren Trennung der Lebensbereiche (Arbeit, Leben, etc.). Alles hat das eine Ziel. Ein jeder muss wohl den Weg, wozu nur er berufen ist, gehen, ob ihm das gefällt oder nicht, ob er das weiß oder nicht. Hier will ich die Mission ins Gespräch bringen. Missio: loslassen, werfen, schicken, senden. Jeder Mensch sendet, wirft, schickt etwas aus. Vieles, was da gesendet, geworfen, geschickt wird, ist der Zeit unterworfen und damit vergänglich. Es wird uns wieder genommen und somit sind Abschied und Tod das unentwegte Thema. Das Unvergängliche, die Liebe zu missionieren, ist dagegen für alle Menschen ein einziger Gewinn. Es gäbe kein Missionieren, wenn der Mensch nicht diese enorme Sehnsucht nach der Liebe, nach der Freiheit hätte. Da mein Weg der Weg Jesu ist, haben unsere Theaterproduktionen auch mit der Mission des Christentums zu tun. Wer die Liebe, die in die absolute Freiheit führt, selbst an Leib und Seele erfahren hat, ist selbst eine Mission. Er sendet die alles heilende Liebe aus. Da die Liebe ein Gnadengeschenk Gottes ist, können wir immer nur hoffend auf sie warten.

AUSBLICK

Das Bild der *Kammer*, das in der Geschichte der christlichen Spiritualität immer für die private Gottesbegegnung hinter verschlossenen Türen stand, wird in unserer Produktion transformiert: eine öffentliche Bühne wird zur *Kammer der Andacht*. Sicherlich hat das damit zu tun, dass Religion und Spiritualität zunehmend präsent sind in der Öffentlichkeit: Zeitungen, Radio und Fernsehen beschäftigen sich mit diesem Thema. Politik und Gesellschaft setzen sich damit auseinander.

Und *Andacht*, so erscheint es uns im Rückblick, übersetzt sich auf der öffentlichen Bühne in Aufmerksamkeit: vorurteilsfreies Interesse für das Eigene und das Andere. So erinnert uns unsere Arbeit an das Wort von Malebranche: 'Aufmerksamkeit ist das natürliche Gebet der Seele'.

Das natürliche Gebet der Seele im säkularen Raum einer öffentlichen Bühne zu proben macht Lust auf weitere Projekte. Mit Gelassenheit und innerer Ruhe plant das MusikTheaterKoeln weitere Inszenierungen.

LITERATUR

Bärfuss, L., *Meienbergs Tod, Die sexuellen Neurosen unserer Eltern, Der Bus*, Göttingen 2005.

Bazinger, I., 'Wo der Glaube hinfällt. Lebt Gott im Theater auf? Ein Streifzug über die Berliner Bühnen', in: *Die deutsche Bühne* 76 (2005) no.6, 24-27.

Bernhard von Clairvaux, *Sermones super Cantica Canticorum*, 23. Predigt, 13. (*Sämtliche Werke lateinisch / deutsch*, Innsbruck 1994.)

De Fiores, S., 'Spiritualité contemporaine', in: DVSp (1983), 1061-1078.

Die deutschen Bühne 76 (2005) no.6.

Guardini, R., *Vom Geist der Liturgie*, Freiburg 1918.

Guigo II, Guigo II, *Scala claustralium*, In: Enzo Bianchi, *Dich finden in deinem Wort. Die geistliche Schriftlesung*, Freiburg 1988.

Grundkurs Spiritualität (Hg. Institut für Spiritualität Münster), Stuttgart 2000.

Grundkurs Spiritualität: Handbuch für die Kursleitung (Hg. Institut für Spiritualität Münster), Stuttgart 2001.

Friedmann, E., *Die Bibel beten*, Münsterschwarzach 1995.

Friesen, L., 'Transcendence in modern and postmodern plays', in: Ingrid Hentschel & Klaus Hoffmann (Hg.), *Theater – Ritual – Religion*, Münster 2004 (Scena: Beiträge zu Theater und Religion 1), 35-59.

Hamburger, J.F., *Nuns as artists: The visual culture of a medieval convent*, Berkeley-Los Angeles-London 1997.

Hense, E., *Franciscus Amelry (um 1550): Ein Dialog oder Gespräch zwischen der Seele und der Schriftauslegung, die die Seele zur Erkenntnis ihres Bräutigams hinzieht*, Münster 2001 (Theologie der Spiritualität. Quellentexte 2).

Hieronymus, *Epistula 127*, in: Cetedoc, Cl. 0620, vol. 56, par. 7, pag. 151.

Husserl, E., *Cartesianische Meditationen und Pariser Vorträge*, Den Haag 1950 (Hua I).

Husserl, E., *Ideen zu einer reinen Phänomenologie und phänomenologischen Philosophie* I, Den Haag 1950 (Hua III).

Husserl, E., *Ideen zu einer reinen Phänomenologie und phänomenologischen Philosophie* II, Den Haag 1952 (Hua IV).

Husserl, E., *Die Krisis der europäischen Wissenschaften und die transzendentale Phänomenologie*, Den Haag 1954 (Hua VI).

Husserl, E., *Zur Phänomenologie der Intersubjektivität* II, Den Haag 1973 (Hua XIV).

Husserl, E., *Formale und transzendentale Logik: Versuch einer Kritik der logischen Vernunft*, Den Haag 1974 (Hua XVII).

Husserl, E., *Erfahrung und Urteil*, Hamburg 1985[6].

Ignatius von Loyola, *Geistliche Übungen* (Übertr. & Erkl. Adolf Haas), Freiburg 1966.

Katharina von Genua: Lebensbild und geistige Gestalt ihre Werke (Hg. L. Sertorius), München 1939.

Krone und Schleier: Kunst aus mittelalterlichen Frauenklöstern. Ruhrlandmuseum: Die frühen Klöster und Stifte 500-1200. Kunst- und Ausstellungshalle der Bundesrepublik Deutschland: Die Zeit der Orden 1200-1500. München-Bonn-Essen 2005.

Linman, J.W., *Toward a theory of lectio divina: A reader response, psychoanalytic, and embodied approach*, Michigan 1998.

Mechthild von Magdeburg, *Das fließende Licht der Gottheit* (Zweite, neubearbeitete Übersetzung; Einf. u. Komm. von Margot Schmidt), Stuttgart-Bad Cannstatt 1995.

Merleau-Ponty, M., *Phénoménologie de la perception*, Paris 1945.

Origenes und Gregor der Große, *Das Hohelied* (Einl. & Übers. K. Suso Frank), Einsiedeln 1987.

Origenes, *Lettre d'Origène à Grégoire*, in: SC 148, Paris 1969, 185-195.

Regula Benedicti – Die Benediktus-Regel (Hrsg. im Auftrag der Salzburger Äbtekonferenz), Beuron 1992.

Rousse, J., 'Lectio divina et lecture spirituelle', in: DS IX, Paris 1976, 470-471.

Schechner, R., 'Magnitudes of performance', in: Richard Schechner & Willa Appel (Eds.), *By means of performance: Intercultural studies of theatre and ritual*, Cambridge 1990, 39-41.

Sloterdijk, P., *Weltfremdheit*, Frankfurt am Main 1993.

Tebbe, K., 'Das Herz als Haus'. In: F.M. Kammel (Hg.), *Spiegel der Seligkeit. Privates Bild und Frömmigkeit im Spätmittelalter*, Nürnberg 2000, 200-201.

Volonté, P., *Husserls Phänomenologie der Imagination: Zur Funktion der Phantasie bei der Konstitution von Erkenntnis*, Freiburg-München 1997.

Waaijman, K., *Spiritualiteit: Vormen, grondslagen, methoden*, Kampen 2000.

Waaijman, K., *Handbuch der Spiritualität.* Band 2 (Übertr. E. Hense), Mainz 2005.

ABKÜRZUNGEN

Cetedoc	*Cetedoc Library of Christian Latin Texts*, Löwen: Cetedoc, 1996.
DS	*Dictionnaire de spiritualité ascétique et mystique: Doctrine et histoire.* Publ. sous la direction de Marcel Viller, F. Cavallera, J. de Guibert, Paris: Beauchesne, 1932-1995 (17 Teile).
DVSp	*Dictionnaire de la vie spirituelle.* Sous la dir. de Stefano De Fiores et Tullo Goffi; adaption française par François Vial, Paris: CERF, 1983.
Hua	Edmund Husserl, *Husserliana: Gesammelte Werke.* Auf Grund des Nachlasses veröffentlicht vom Husserl-Archiv (Louvain) unter Leitung von H.L. Van Breda, Den Haag: Nijhoff, 1950-
SC	*Sources Chrétiennes.* Collection dirigée de Henri de Lubac et al., Paris: Éditions du Cerf, 1941-.

ANHANG

Dr. Elisabeth Hense
Dozentin für Spiritualität an der
Radboud Universität Nijmegen
Wissenschaftliche Mitarbeiterin am
Institut für Spiritualität Münster

Rehweg 15
47533 Kleve
Tel. 02821 / 27575
email: E.Hense@t-online.de

Kleve, 29. 09. 04

Sehr geehrte Frau..../ Sehr geehrter Herr...,

vor einiger Zeit haben Sie eine Vorstellung des MusikTheaters Köln besucht: 'Die Kammer der Andacht'. Zu diesem Stück plane ich, wie Sie dem Programmheft vielleicht bereits entnommen haben, eine Publikation. Es geht in meiner Studie unter anderem um die Frage, ob das Stück einen nachhaltigen Eindruck auf den Zuschauer hinterlassen kann und wenn ja, welchen Eindruck es hinterlässt. Um diese Frage beantworten zu können, bitte ich Sie um Ihre Mitarbeit.

Meine Fragen an Sie möchte ich folgendermaßen umschreiben:
Wenn Sie sich heute an die Vorstellung 'Die Kammer der Andacht' erinnern, was fällt Ihnen dann ein? Wie war der Abend für Sie? Was ist Ihnen aufgefallen? Was hat Sie berührt? Mit welchen Fragen gingen Sie nach der Vorstellung nach Hause? Welche Wirkung hatte das Stück auf Sie?

Wenn Sie sich hierzu äußern möchten, senden Sie mir bitte in den nächsten Wochen auf einer Seite (höchstens zwei Seiten) Ihre Gedanken. Ihre persönliche Wahrnehmung dieses Stückes wird anonym in die Studie aufgenommen, es sei denn, Sie geben ausdrücklich an, dass Ihr Name genannt werden soll. Als Dankeschön für Ihre Mitarbeit erhalten Sie bei Erscheinen des Buches ein Belegexemplar.

Für Rückfragen stehe ich selbstverständlich zur Verfügung.

Mit freundlichem Gruß

MITWIRKENDE

Frank ALBRECHT wurde 1958 in Frankfurt am Main geboren. Seine Schauspielausbildung machte er in München. Danach folgten Engagements an den Städtischen Bühnen Augsburg, dem Bremer Theater, dem Theater des Westens in Berlin, dem Kölner Schauspiel. Von 1993 bis 2006 war er freischaffend tätig und arbeitete spartenübergreifend, z.B. für das Schauspiel Bonn, die Deutsche Oper am Rhein, dem Stadttheater Aachen, Krefeld, im Theater Rampe Stuttgart, dem Prinzregenttheater Bochum u.a., sowie in der freien Theaterszene in Köln, beim MusikTheaterKoeln, dem Healing Theatre und dem theater-51grad.com. Seit 2006 ist er am Theater Freiburg engagiert. Er ist verheiratet mit der Regisseurin Ursula Albrecht.

Ursula ALBRECHT wurde 1950 in Amberg (Oberpfalz) geboren. Nach ihrer Schauspielausbildung in München führten sie Engagements an die Städtischen Bühnen Augsburg und an die Kammerspiele in München. 1982 heiratete sie den Schauspieler Frank Albrecht. Von 1990 bis 2006 hatte sie einen Lehrauftrag für Sprecherziehung und szenische Improvisation an der Hochschule für Musik Köln. 1993 erfolgte die Gründung des MusikTheaterKoeln. Seither ist sie Leiterin und Regisseurin desselben. Das MusikTheaterKoeln widmet sich explizit dem Bereich neue Musik und christliche Mystik. 2004 trat sie in den Dritten Orden des Karmel (T.O.Carm) ein. Von 2004 bis 2006 hatte sie einen Lehrauftrag für angewandte Rhetorik am Collegium Albertinum in Bonn.

Joerg BRAEUKER wurde 1970 in Köln geboren. Nach seinem Gesangsstudium an der Hochschule für Musik in Köln bekam er Engagements an der Oper Wuppertal, arbeitete in vielen freien Opernproduktionen im Bereich 'neue Musik' mit, darunter Prinzregenttheater Bochum, Oper Bonn, Bamberger Philharmoniker, Oper Aachen. Seit 2001 hat er ein Engagement im Opernchor an der Oper der Stadt Köln. Er wirkte in fast allen Produktionen des MusikTheaterKoeln mit. Seit Februar 2004 macht er eine Ausbildung zum Kantor.

Ute FELDHOFER wurde 1960 in Brühl (NRW) geboren. Von 1982 bis 1985 studierte sie Modedesign an der Charles Montaigne Akademie in Amsterdam (NL) und machte den Abschluss als Dipl.-Modedesignerin. Seit 1986 arbeitet sie freiberuflich im Bereich Kostümbild, Kostümherstellung für Event-Veranstaltungen, Theater- und Filmproduktionen, Künstler und Privatpersonen.

Lorenz HEIMBRECHT wurde 1974 in Hannover geboren. Das Studium der Philosophie an der Universität Köln kombinierte er mit einer Gesangsausbildung an der Hochschule für Musik Köln. Beide Studiengänge schloss er 2002/3 ab. Danach arbeitete er als Lehrer an einer Musikschule und gab zahlreiche Konzerte. Seit 2005 unterrichtet er an einem Gymnasium die Fächer Philosophie und Musik.

Elisabeth HENSE, Dr. theol., wurde 1957 in Warstein geboren. Sie ist seit 2002 Universitätsdozentin für Spiritualität an der Radboud Universität Nijmegen (Niederlande). Seit 1989 publiziert sie über Themen der Spiritualität. Sie ist verheiratet mit dem Pastoralreferenten Drs. Ing. Paul Menting T.O.Carm und hat drei Kinder. 2000 trat sie in den Dritten Orden des Karmel (T.O.Carm) ein.

Michael PLATTIG, Dr. theol., Dr. phil., wurde 1960 in Fürth/Bay. geboren und trat 1979 in den Karmelitenorden ein. Seit 1999 ist er Professor für Theologie der Spiritualität an der Philosophisch-Theologischen Hochschule Münster und Leiter des dortigen Instituts für Spiritualität. Publikationen zu Themen der Spiritualität. Forschungsschwerpunkt: Geistliche Begleitung und Unterscheidung der Geister, interdisziplinärer Dialog mit der Psychologie bzw. verschiedenen Therapieformen.

Manfred SCHNEIDER wurde 1958 in Seefeld (Oberbayern) geboren. Seine Ausbildung zum Bühnen- und Kostümbildner machte er an der Hochschule der Künste in Berlin. Er ist regelmäßig persönlicher Assistent von Karl-Ernst Herrmann bei dessen weltweiten Opernproduktionen, zum Beispiel bei den Salzburger Festspielen, den Wiener Festwochen, der Oper Amsterdam, der Oper der Stadt Genf usw. Er ist freischaffend und hat in allen Produktionen die Bühnenbilder und die Kostüme für das MusikTheaterKoeln entworfen.

Reiner WITZEL wurde 1967 in Mannheim geboren. An der Düsseldorfer Jugendmusikschule lernte er Waldhorn, Klarinette und Saxophon. Anschließend studierte er Saxophon an der Musikhochschule Köln und an der Manhatten School of Music (New York). Seine Studien schloss er 1992 als Bachelor of Music ab. Er hat zahlreiche Preise gewonnen und in vielen Konzerten und Festivals mitgewirkt. Seit 2002 ist er Dozent an der Musikhochschule Frankfurt am Main. Daneben leitet er Saxophonworkshops und Improvisationsworkshops an der Musikhochschule Leipzig, er macht Tourneen durch die ganze Welt und veröffentlicht zahlreiche CD's.